Langsomt Nyd
En Slow Cooker Kogebog

Signe Hansen

Indholdsfortegnelse

Crock karamel nødderuller

INGREDIENSER

- 2 rør (7 til 8 ounce hver) kølede kiks•

- 3/4 kop pakket brun farin

- 1 tsk stødt kanel

- 1/4 kop finthakkede pekannødder eller valnødder

-

6 spsk smeltet smør

FORBEREDELSE

1. Smør generøst en 3 til 4-liters slow cooker indsats eller en gryderet eller bagerist, som passer i en større slow cooker.
2. Bland brun farin, kanel og hakkede nødder sammen.
3. Dyp hver køleskabskiks i smeltet smør til belægning, derefter i brun farin, kanel og nøddeblanding.
4. Læg lag i den forberedte slow cooker-indsats eller bageform.
5. Drys eventuelt resterende brun farin blanding over toppen.
6. Kog ved høj temperatur i 1 1/2 til 2 timer, indtil kiksene er bagte.

7. Jeg tog min ud efter cirka 1 time og 45 minutter. De
   var færdige, men slow cooker-temperaturerne kan
   variere.
8. Jeg brugte 8 af mine frosne make-ahead kiks,
   optøet og skåret i halve vandret, lagt i en 3-quart
   komfur (billedet). Et bradefad i en større oval eller
   rund komfur ville gøre det nemmere at få kiksene
   ud i ét stykke.
9. Du kan også bruge små hjemmelavede kiks eller
   omkring 1 pund optøet brøddej, skåret i 16 til 20
   stykker.

Crockpot Æblesmør

INGREDIENSER

• æbler, skrællet, udkernet og skåret i kvarte, for at fylde en 4-quart crockpot til 1 1/2 til 2 tommer fra toppen

• 4 tsk. kanel

• 1/2 tsk nelliker

• 1/2 tsk salt

•

3 kopper sukker

•

4 spsk vand

FORBEREDELSE

1. Kom alle ingredienser i slowcooker. Dæk til og kog på HIGH indtil det er varmt, drej derefter til LAV og kog hele dagen (7 til 10 timer). Når det er færdigt og æblerne er helt kogte ned, sættes små mængder i foodprocessoren og pulseres, indtil det er glat.
2. BEMÆRK: Hvis du konserverer dette, skal du lægge det i rene, steriliserede glas og lukke, mens det er varmt, og derefter behandle halve pints eller pints i 5 minutter i kogende vandbeholder. 1.001 fod til 6.000 fod, behandle i 10 minutter og over 6.000 fod, 15 minutter.

Crockpot Æblesmør II

INGREDIENSER

- 7 kopper æblemos, naturlig

- 2 kopper æblecider

- 1 1/2 kop honning

- 1 tsk stødt kanel

- 1/4 tsk stødt nelliker, valgfrit

-

1/2 tsk allehånde

FORBEREDELSE

1. Kombiner alle ingredienser i en langsom komfur. Dæk til og kog på LAV i 14 til 15 timer, eller indtil blandingen er dybbrun.
2. Hæld varmt æblesmør i varme steriliserede glas og forsegl, og bearbejd derefter halve pints eller pints i 10 minutter i et kogende vandbad.
3. Giver 4 pints eller 8 halv-pints glas.

Crockpot Æblesprød Dessert

INGREDIENSER

- 6 mellemstore æbler, skrællede, udkernede, skåret i skiver

- 1 1/2 dl mel

- 1 kop pakket brun farin

- 1 spsk kanel

- 1/2 tsk muskatnød

- 1/4 tsk ingefær

- 3/4 kop smør, blødgjort

Topping forslag:

- Vanilje is

- Maraschino kirsebær

- Flødeskum eller pisket topping

FORBEREDELSE

1. Smør rigeligt crock pot (slow cooker). Arranger æbleskiver i bunden af gryden. I en skål kombineres mel, sukker, krydderier og smør med fingrene eller en gaffel, indtil de er smuldrende.
2. Dæk æblerne med crumbleblandingen. Tryk let ned.
3. Kog på HIGH i 3 til 4 timer, eller indtil æblerne er møre.

4. Server i dessertretter med et eller flere af de
   foreslåede toppings.
5. Nyd...godt på en kølig, sprød efterårsdag!

Crockpot Brødbudding

INGREDIENSER

• 5 æg, pisket

• 3 1/2 dl mælk

• 2 tsk vanilje

• 2 spiseskefulde (ja!) stødt kanel

• 1/2 tsk salt

• 6 kopper almindeligt brødkrummer (eller mere for at gøre blandingen lige så tyk som kogt havregryn, når det blandes med alle ingredienser)

• 3/4 kop pakket brun farin

• 1 spiseskefuld smør eller margarine, smeltet

• 1/2 kop rosiner (valgfrit)

• En moset eller skåret banan (valgfrit)

FORBEREDELSE

1. Bland alle ingredienser sammen, indtil brødkrummer er grundigt våde, og blandingen er glat som tyk havregryn. Kom blandingen i en generøst smurt slow cooker. Kog ved høj temperatur i 4 til 5 timer, eller indtil en kniv, der er indsat i midten, kommer ret ren ud.

2. BEMÆRK: Den sidste 1/2 times madlavning løftes
   låget et "knæk" ved at sætte en ske eller gaffel
   mellem det og gryden, for at lade den
   overskydende fugt slippe ud; ellers vil du have en
   klar væske rundt om brødbuddingen.

Crockpot Brødbudding II

INGREDIENSER

• 5 æg, pisket

• 3 1/2 dl mælk

• 2 tsk vanilje

• 2 spiseskefulde (ja!) stødt kanel

• 1/2 tsk salt

• 6 kopper almindeligt brødkrummer (eller mere for at gøre blandingen lige så tyk som kogt havregryn, når det blandes med alle ingredienser)

• 3/4 kop pakket brun farin

• 1 spiseskefuld smør eller margarine, smeltet

• 1/2 kop rosiner (valgfrit)

• En moset eller skåret banan (valgfrit)

FORBEREDELSE

1. Bland alle ingredienser sammen, indtil brødkrummer er grundigt våde, og blandingen er glat som tyk havregryn. Kom blandingen i en generøst smurt slow cooker. Kog ved høj temperatur i 4 til 5 timer, eller indtil en kniv, der er indsat i midten, kommer ret ren ud.

2. BEMÆRK: Den sidste 1/2 times madlavning løftes
    låget et "knæk" ved at sætte en ske eller gaffel
    mellem det og gryden, for at lade den
    overskydende fugt slippe ud; ellers vil du have en
    klar væske rundt om brødbuddingen.

Crockpot slik

INGREDIENSER

• 2 lbs. hvid mandelbark

• 4 ounces dyppechokolade, mælkechokolade eller chokolademandelbark

• 12 oz. pkg. halvsøde chokoladechips

• 2 1/2 kopper tørre ristede jordnødder

•

1 kop rosiner

FORBEREDELSE

1. Kombiner mandelbark, mælkechokolade, chokoladechips og jordnødder i crockpot. Drej til LAV og rør hvert 15. minut i 45 minutter. Rør rosiner i og kog 15 minutter længere.
2. Hæld på vokspapir og lad afkøle. Når den er fast, opbevares den i en lufttæt beholder.

Crock Pot Tranebær

INGREDIENSER

• 1 pund friske tranebær

• 2 kopper granuleret sukker

•

1/4 kop vand

FORBEREDELSE

1. Kombiner tranebær med sukker og vand i Crock Pot. Dæk og kog på høj 2 til 3 timer, indtil tranebær begynder at poppe. Server med kalkun, svinekød eller kylling.

Crockpot Orange Cinnamon Bread Pudding

INGREDIENSER

- 6 skiver brød, ca. 6 ounce, revet i små stykker

- 1/2 kop gyldne eller mørke rosiner

- 1 dåse (12 ounce) inddampet mælk

- 4 store æg

- 2 spsk smeltet smør

- 6 ounce appelsinjuice koncentrat

- 4 store æg

- 1 kop sukker

- 1/2 tsk stødt kanel

-

1 spsk vaniljeekstrakt

FORBEREDELSE

1. Smør generøst en 1 1/2-liters souffléskål eller 7-kops Pyrex-glas med lige sider beholder/gryde.
2. Kom brød og rosiner i en stor skål. Sæt til side.
3. I en anden skål piskes mælk og æg med smeltet smør, appelsinjuicekoncentrat, sukker, kanel og vanilje; hæld brødblandingen over og blend godt.
4. Hæld i forberedt skål/gryde.

5. Riv en 16-tommer længde af folie af og fold på langs to gange for at danne et robust løft til den færdige budding.
6. Sæt folien i slowcookeren, og lad enderne ligge udenfor. Hæld omkring 1 kop meget varmt vand i crockpot. Læg brødbuddingen i servicet, anbring folie-"håndtag" til indersiden og dæk gryden.
7. Kog på HIGH i 2 1/2 time. Brug grydelapper, og brug forsigtigt "håndtagene" til at løfte fadet op af gryden, så du kan få fat om ydersiden af fadet. Sæt på en rist for at køle lidt af.
8. Serveres lun med vaniljesauce eller appelsinsauce.

Crock Pot Ferskensmør

INGREDIENSER

• 6 kopper usødede ferskner

• 3 kopper hvidt sukker

• 1 1/2 dl abrikosnektar

•

2 spsk appelsin- eller citronsaft

•

1 tsk vanilje

FORBEREDELSE

1. Sæt ferskner gennem food mill eller foodprocessor.
2. Kom alle ingredienser i en slow cooker.
3. Dæk til og kog på LAVT i 3 timer, mens der røres af og til.
4. Afdæk og fortsæt med at lave mad, indtil overskydende væske koger væk, omkring 5 til 8 timer.
5. Overfør til containere. Forsegl og køl eller frys for længere opbevaring.

Crockpot Pound Cake

INGREDIENSER

- 1 æske (16 ounce pund kageblanding

- 1/4 kop lys brun farin, fast pakket

- 1 spsk universalmel

- 1/4 kop finthakkede pekannødder

- 1 tsk stødt kanel

- 1 tsk smeltet smør

- .

- Vaniljeglasur:

- 1/2 kop konditorsukker

- 1/4 tsk vanilje

-

2 til 3 spsk mælk

FORBEREDELSE

1. Bland kageblandingen efter pakkens anvisninger.
   Hæld dejen i en godt smurt og meldrysset 2 punds
   kaffeform (sørg for, at den passer i din crockpot
   med låg) eller bageform, der rummer dejen og
   passer i din crockpot. Kombiner sukker, mel,
   nødder, kanel og smør; drys over kagedejen. Sæt
   dåsen i slowcooker. Dæk toppen af dåsen med 8 lag

køkkenrulle. Dæk til langsom komfur og bag ved høj temperatur i 3 til 4 timer.

2. Afkøl på rist i 5 minutter; afforme. Kombiner vaniljeglasur ingredienser indtil glat; dryp over kagen.

Crockpot græskarbrød

INGREDIENSER

• 1 kop universalmel

• 1 1/2 tsk bagepulver

• 1 tsk græskartærtekrydderi

• 1/2 kop brun farin, fast pakket

• 2 spsk vegetabilsk olie

• 2 æg, let pisket

• 1/2 kop græskarpuré (på dåse)

•

1/4 kop rosiner, fint hakkede

FORBEREDELSE

1. Kom mel, bagepulver og græskartærtekrydderi i en skål; sæt til side.
2. Kombiner brun farin og vegetabilsk olie i røreskålen; pisk indtil godt blandet. Pisk æg i. Tilsæt græskar og bland godt. Rør melblandingen i

og pisk med en træske, indtil det er blandet. Rør rosiner i.

3. Hæld græskarblandingen i 2 godt smurte og meldrysede halve halvliters dåseglas med lige sider. Dæk glassene tæt med smurt aluminiumsfolie.

4. Læg et stativ eller et stykke lidt krøllet folie i 3-1/2 eller 4 qt. crockpot. Sæt glassene på en rist eller folie.

5. Dæk til og kog på HØJ indstilling i cirka 1 1/2 time, eller indtil en træhakke eller kagetester indsat i midten kommer ren ud.

6. Fjern glassene og læg dem på en rist; afkøles i 10 minutter. Fjern forsigtigt brød fra glassene. Afkøl helt på rist. Laver 2 brød.

Crock Pot Risengrød

INGREDIENSER

-

2 1/2 dl kogte ris

-

1 1/2 dl skoldet mælk

-

2/3 kop hvidt eller brun farin

-

3 æg, pisket

-

1 tsk. salt

-

2 spsk. vanilje

-

1 tsk. kanel

-

1 tsk. muskatnød

-

1/2 kop rosiner

-

3 spsk blødt smør

FORBEREDELSE

1. Kombiner alle ingredienser. Hæld i en smurt bradepande, som passer til slow cooker. (Dette kan også hældes direkte i en smurt crockpot.) Kog ved høj 1 1/2 til 2 timer. Rør hvert 10. minut i de første 30 minutter. Opskriften kan fordobles.

Crock Pot Risengrød med frugt

INGREDIENSER

- 1 pakke (6 ounce) tørrede tranebær

- 1 pakke (4 ounce) tørrede blåbær

- 1 dåse (12 ounce) inddampet mælk

- 1 1/2 dl vand

- 8 ounce frosset appelsinjuice koncentrat

- 3/4 kop sukker

- 1 kop tung fløde

- Dash salt

- 1/4 tsk stødt kanel

- 1 kop kortkornet Arborio ris

FORBEREDELSE

1. Spray indersiden af serviceindsatsen med nonstick-spray.
2. Bland alle ingredienser og hæld i slowcookeren.
3. Dæk til og kog på LAV i 4 til 5 timer eller på HØJ i 2 til 2 1/2 time, eller indtil risene er møre og blandingen er tyknet.
4. Rør blandingen omkring halvvejs i kogetiden og kort før den er færdig.
5. 6 portioner

Crockpot stegte æbler

INGREDIENSER

• 3 pund Granny Smith æbler, skrællet, udkernet og skåret i skiver

• 1 tsk kanel

• et skvæt frisk revet muskatnød, valgfrit

• 3 spsk majsstivelse

• 1 kop granuleret sukker

• 1 til 2 spiseskefulde smør, skåret i små stykker

FORBEREDELSE

1. Læg æbleskiver i slow cookeren/Crock Pot; rør de resterende ingredienser i og drys med smørret. Dæk til og kog ved lav temperatur i cirka 6 timer, eller indtil æblerne er møre, men ikke grødede. Rør omkring halvvejs gennem tilberedningen.
2. Gør 2 1/2 til 3 kopper.

Karryfrugtbage

INGREDIENSER

*

1 pakke svesker, (16 oz) udstenede

*

1 pakke tørrede abrikoser (11 oz)

*

1 dåse ananas bidder (20 ounce) drænet

* 1 dåse ferskner; skåret i skiver (1 lb 13 oz)

* 1 kop brun farin

* 1/2 tsk karrypulver

*

12 ounce ingefærøl

FORBEREDELSE

1. Kom alle ingredienser i slowcooker. Dæk til og kog
   på LAV i 4 til 5 timer eller HØJ i omkring 1 1/2 til 2
   timer.

Nem Cherry Cobbler

INGREDIENSER

- 1 16 oz dåse kirsebærtærtefyld, let

- 1 pkg kageblanding til 1 lagkage eller sød muffinblanding

- 1 æg

- 3 spsk inddampet mælk

- 1/2 tsk kanel

-

1/2 kop hakkede nødder, valgfrit

FORBEREDELSE

1. Kom tærtefyldet i let smørret 3 1/2-quart Crock Pot og kog ved høj varme i 30 minutter. Bland de resterende ingredienser sammen og hæld det på det varme tærtefyld. Dæk til og kog i 2 til 3 timer ved lav temperatur. Du kan også bruge et let smurt souffléfad i en større slow cooker.
2. 6 portioner.

Nemme chokoladeklaser

INGREDIENSER

• 2 pund hvid slikbelægning, eller mandelbark, brækket i små stykker

• 2 kopper (12 ounce) halvsød chokoladechips

• 4 ounce tysk sød chokolade

•

24 ounces tørre ristede jordnødder

FORBEREDELSE

1. I crockpot kombineres den hvide slikbelægning eller mandelbark, German's Sweet Chocolate og semisweet chokoladechips. Dæk til og kog på HIGH i 1 time; reducere til LAV. Dæk og kog 1 time længere, eller indtil slik er smeltet, omrør hvert 12. til 15. minut. Rør ristede jordnødder i, bland godt. Drop jordnøddeklynger med teskefulde på vokset papir; lad stå indtil stivnet. Opbevar slik ved stuetemperatur.
2. Gør omkring 3 til 4 dusin chokolade jordnøddeklynger.

Nem Slow Cooker æblemos

INGREDIENSER

• 8 til 10 æbler, skrællet, udkernet og skåret i stykker

• 1/3 kop æblejuice eller vand

• 1 sparsom tsk kanel

•

1/2 kop pakket brun farin

FORBEREDELSE
1. Kom alle ingredienser i en slow cooker.
2. Dæk til og kog på LAV i 7 til 9 timer.
3. Rør for at blende og mos let, hvis det ønskes.
4. Serverer 8.

Yndlingsbagt cremecreme

INGREDIENSER

-

2 kopper mælk, skoldet

-

3 æg, let pisket

-

1/3 kop granuleret sukker

-

1 tsk vanilje

-

1/8 tsk salt

-

muskatnød

-

kokos, valgfrit

FORBEREDELSE
1. Skold mælken og lad den køle lidt af. Bland æg, sukker, vanilje og salt. Rør langsomt mælken i. Hæld i en smurt 1-qt bradepande, som passer i din slow cooker. Drys eventuelt med muskatnød og kokos. Dæk bradepanden med folie.
2. Sæt bageformen på en bordskåner eller ring af folie i slowcooker.

3. Hæld varmt vand omkring bageformen til omkring
   1 tomme dyb. Dæk gryden til, og kog på HØJT i 2 til
   2 1/2 time, eller indtil en kniv, der er indsat i
   creme, kommer ren ud.
4. Serveres varm eller afkølet.
5. Giver 6 portioner.

Urtepotte Bananbrød

INGREDIENSER

-

2 kopper mel

-

1 tsk bagepulver

-

1/2 tsk salt

-

1/2 kop smør

-

1 kop sukker

-

2 æg

- 1 kop modne bananer; mosede, 2 til 3 mellemstore bananer

- 1/3 kop mælk

- 1 tsk citronsaft

- 1/2 kop valnødder, hakket

- 1 urtepotte, terracotta, ca. 6 1/2 tomme størrelse, til at passe i crockpot

FORBEREDELSE

1. Vask en ny urtepotte godt; smør og beklæd med vokset papir, skær til at passe. Bemærk: Sørg for, at urtepotten passer i din crockpot, eller brug en 2-punds kaffedåse. Smør det voksbehandlede papir.
2. Bland mel, natron og salt. I en separat skål, fløde smør, tilsæt derefter sukker, æg og bananer, bland grundigt. Bland mælk og citronsaft til bananblandingen, tilsæt skiftevis mel og mælkeblanding, og rør derefter nødder i.
3. Hæld blandingen i den forberedte urtepotte og anbring i crockpot. Placer foringen i bunden. Dæk med 2 til 3 køkkenrulle. Dæk crockpot og kog på lav 5 til 6 timer. Løft ikke låget for at kontrollere det før sidste time.

Frisk æblekaffe

INGREDIENSER

- 2 kopper kiks bageblanding

- 2/3 kop æblemos

- 1/4 kop mælk

- 2 spsk granuleret sukker

- 2 spsk smør, blødgjort eller smeltet

- 2 æbler, skrællet, udkernet og skåret i tern

- 1 tsk kanel

- 1 tsk vanilje

- 1 æg, let pisket

-

Streusel

- 1/4 kop kiksblanding

- 1/4 kop brun farin

- 2 spsk fast smør

- 1 tsk kanel

- 1/4 kop hakkede nødder, hvis det ønskes

FORBEREDELSE

1. Bland de første 9 ingredienser. Bland indtil godt blandet.

2. Fordel i en let smurt 3 1/2 liter Crock Pot (eller
   fordel i en let smurt bradepande, som passer i en
   større Crock Pot).
3. Kombiner streusel ingredienser med en gaffel eller
   wienerbrød blender; drysses over dejen.
4. Dæk til og kog ved høj varme i ca. 2 1/2 time, indtil
   en tandstik indsat i midten kommer ren ud. Afdæk
   og lad kagen køle af i gryden.
5. Når det er køligt nok til at kunne håndtere det,
   løsnes det fra siderne og løftes forsigtigt ud med en
   fleksibel spatel, eller løsner siderne og vend
   gryden lidt og fjern med hånden (du kan holde et
   lille stykke folie eller vokspapir).

Ingefærbrunt brød

INGREDIENSER

- 1 honningkageblanding (ca. 14 til 15 ounces)

- 1/4 kop gul majsmel

- 1 tsk. salt

- 1 1/2 dl mælk

-

1/2 kop rosiner

FORBEREDELSE

1. Kombiner honningkageblanding med majsmel og salt i røreskålen; rør mælk i, bland lige indtil dejen er fugtet.
2. Pisk med elektrisk mixer ved medium hastighed i 2 minutter; rør rosiner i.
3. Hæld i en smurt og meldrysset 7-koppers form. Dæk med folie og bind.
4. Sæt et bordskåne eller en rist i slowcooker. Jeg bruger let krøllet folie som stativ. Hæld 1 1/2 dl varmt vand i gryden. Placer den fyldte form på stativet eller folien i crockpoten.
5. Dæk til og kog på HIGH i 3 til 4 timer, eller indtil brødet er færdigt.
6. Fjern fra crockpot og afkøl på en rist i 5 minutter.
7. Løsn kanterne forsigtigt med en kniv og vend dem ud på en rist for at køle lidt af.
8. Serveres lun med smør eller smøreost.

Brødbudding i hjemmet

INGREDIENSER

• 2 æg, let pisket

• 2 1/4 kopper sødmælk

• 1 tsk vanilje

• 1/2 til 1 tsk kanel

• 1/4 tsk salt

• 2 kopper 1-tommers brødterninger

• 1/2 kop brun farin

• 1/2 kop rosiner eller hakkede dadler

FORBEREDELSE

1. Kombiner æg med mælk, vanilje, kanel, salt, brød, sukker og rosiner eller dadler i en mellemskål. Hæld i 1 1/2-quart bage- eller souffléfad, som passer i din slow cooker. Placer metalbordskåner

(eller aluminiumsfolie formet i en ring for at holde fadet væk fra bunden af gryden) eller stativ i bunden af crockpot. Tilføj 1/2 kop varmt vand til crockpot. Stil bageformen på bordskåner eller foliering. Dæk til og kog ved høj temperatur i cirka 2 timer, indtil den er stivnet.

2. Server brødbudding varm eller kølig med sauce efter eget valg eller almindelig.
3. Gør 4 til 6 portioner.

Varme karamelæbler

INGREDIENSER

●

4 store syrlige æbler, udkernede

●

1/2 kop æblejuice

●

1/2 kop brun farin, pakket

●

12 rødglødende kanelslik

●

4 spsk smør

●

8 karameller

●

1/4 tsk stødt kanel

FORBEREDELSE

1. Skræl omkring 3/4-inch af toppen af hvert æble; placeres i crockpot. Hæld æblejuice over æbler. Fyld midten af hvert æble med 2 spiseskefulde brun farin, 3 kanelslik, 1 spiseskefuld smør og 2 karameller. Drys med lidt kanel. Dæk til og kog på lavt niveau i 4 til 6 timer, eller indtil æblerne er

møre. Serveres varm som den er eller med fløde eller pisket topping.

2. Giver 4 bagte æbler.

Varm frugtkompot

INGREDIENSER

-

1 dåse ferskner, drænet

-

1 dåse pærer, afdryppet

-

1 dåse ananas bidder, drænet

-

1 kop brun farin

-

1 tsk. kanel

- 1/2 stang smør eller margarine (4 oz)

-

1 dåse kirsebærtærtefyld

FORBEREDELSE

1. Skær al frugten i mundrette stykker. Tilsæt resten af ingredienserne. Rør det hele sammen. Dæk og kog på lav 3 til 6 timer. Brug som tilbehør til morgenmad eller et måltid, eller som topping til en dessert.

Varm frugtdessert

INGREDIENSER

- 3 grapefrugter, skrællet og skåret i sektion

- 1 dåse (11 oz) mandarin-sektioner, drænet

- 1 dåse (16 oz) frugtcocktail, godt drænet

- 1 dåse (20 oz) ananasstykker, godt drænet

- 1 dåse (16 oz) fersken i skiver, godt drænet

- 3 bananer, skåret i skiver, valgfri

- 1 spsk citronsaft

- 1 dåse (21 oz) kirsebærtærtefyld

FORBEREDELSE

1. Kom alle ingredienser i slow cooker og vend forsigtigt for at blande. Dæk til og kog på lavt niveau i 3 til 5 timer.
2. Gør omkring 2 liter frugt. Server med flødeskum eller pisket topping.

Varm krydret frugt

INGREDIENSER

- 1 stor dåse (28 til 29 ounce) ferskenskiver, drænet (28 til 29 ounce)

- 1 dåse ananas lækkerier med naturlig juice, udrænet (8 til 16 ounce)

- 1 stor dåse (28 til 29 ounce) pæreskiver, drænet (28 til 29 ounce)

- 1 dåse (15 ounce) blandet chunky frugt

- maraschinokirsebær, drænet, ca. 1/2 kop, eller som ønsket

- 1 spsk majsstivelse

- 1 1/2 tsk stødt kanel

- 1 tsk stødt muskatnød

- 1/2 kop brun farin

- 4 spsk smør

FORBEREDELSE

1. Kombiner alle ingredienser i slow cookeren; rør forsigtigt.

2. Dæk til og kog på LAV i cirka 4 til 6 timer eller på HØJ i 2 til 3 timer. Server med tung fløde eller en klat creme fraiche, hvis det ønskes.
3. Serverer 8.

Indisk budding

INGREDIENSER

*

3 kopper mælk

*

1/2 kop majsmel

*

1/2 tsk salt

*

3 æg

*

1/4 kop lys brun farin

*

1/3 kop melasse

*

2 spsk smør

*

1/2 tsk stødt kanel

*

1/4 tsk stødt allehånde

*

1/2 tsk malet ingefær

* 2/3 kop hakkede dadler eller hakkede rosiner

FORBEREDELSE

1. Smør crockpot let. Forvarm på høj i 20 minutter.
    Bring imens mælk, majsmel og salt i kog. Kog
    under konstant omrøring i 5 minutter. Dæk til og
    lad det simre i yderligere 10 minutter. I en stor
    skål kombineres æg, brun farin, melasse, smør og
    krydderier. Pisk gradvist varm majsmelblanding i;
    pisk indtil glat. Rør rosiner eller finthakkede dadler
    i. Hæld i crock og kog på høj i 2 til 3 timer eller lav i
    6 til 8 timer.

Citron-Valmuefrø kage på hovedet

INGREDIENSER

- 1 stk. Blanding af citron-valmuebrød

- 1 æg

- 8 ounce let creme fraiche

- 1/2 kop vand

- .

- Sovs:

- 1 spsk smør

- 3/4 kop vand

- 1/2 kop sukker

- saft fra en citron (ca. 1/4 kop)

FORBEREDELSE

1. Bland de første 4 ingredienser sammen til det er godt fugtet. Fordel dejen i en let smurt 3 1/2 liter slow cooker/Crock Pot. Kombiner sauce ingredienser i en lille gryde; bring i kog. Hæld kogende blanding over dejen; dæk til og kog på høj i 2 til 2 1/2 time. Kanterne bliver let brunede. Sluk for varmen og lad det stå i gryden i cirka 30 minutter med låget på klem. Når den er kølig nok

til at håndtere, hold en stor tallerken over toppen
af gryden og vend derefter.

Lækker Lemon Cheesecake

INGREDIENSER

•

Skorpe:

- 1 kop vaniljewaferkrummer

- 1/2 tsk citronskal

- 1 spsk sukker

- 3 spsk smør, smeltet

Fyldning:

- 16 ounce flødeost, blødgjort

- 2/3 kop granuleret sukker

- 2 store æg

- 1 spsk universalmel eller majsstivelse

- 1 tsk frisk citronskal

- 2 spsk frisk citronsaft

FORBEREDELSE

1. Kombiner skorpen ingredienser. Dup i en 7-tommer springform.
2. Pisk flødeost og sukker sammen indtil glat og cremet; pisk æg i og fortsæt med at piske ved middel hastighed i en håndholdt elmixer i ca. 3 minutter.

3. Pisk de resterende ingredienser i og fortsæt med at piske i ca. 1 minut.
4. Hæld dejen i den forberedte skorpe.
5. Læg cheesecaken på en rist i Crock Pot (krøllet folie kan bruges til at danne en rist).
6. Dæk til og kog på høj i 2 1/2 til 3 timer.
7. Lad den færdige cheesecake stå i den tildækkede gryde efter at have slukket den i cirka en time eller 2, indtil den er kølig nok til at håndtere.
8. Afkøl grundigt, før du fjerner pandens sider. Afkøl i køleskabet inden servering, og stil eventuelle rester på køl.

Appelsin jordnøddebagte æbler

INGREDIENSER

- 6 kogeæbler

- 1/2 kop rosiner

- 3 spsk universalmel

- 1/3 kop granuleret sukker

- 1/2 tsk stødt kanel

- 1/8 tsk salt

- 1 tsk fintrevet appelsinskal

- 2 spsk jordnøddesmør

- 2 spsk smør

- 1/4 kop hakkede ristede jordnødder

- 2/3 kop vand

- 2/3 kop appelsinjuice

- creme (valgfrit)

FORBEREDELSE

1. Vask æbler og kernehus. Skræl æbler omkring en tredjedel af vejen ned fra stilkens ende. Fyld udhulet centrum med rosiner; sæt æbler i crockpot, stabling evt. Bland mel, sukker, kanel, salt, appelsinskal, jordnøddesmør og smør til det er smuldrende. Tilsæt peanuts og drys over æbler.

Bland vand og appelsinjuice; hæld rundt om æblerne. Dæk crockpot og kog på lav 7 til 9 timer, indtil æbler er møre.

2. Serveres lun, almindelig eller med tung fløde.
3. Giver 6 portioner

Maggies bagte æbler

INGREDIENSER

-

7 eller 8 mellemstore æbler, udkernede

-

Clementine appelsin sektioner

-

rosiner

-

kanel

FORBEREDELSE

1. Fyld æbler med appelsinsektioner, rosiner og kanel; stable dem i Crock Pot. Tilsæt 1/4 kop vand. Dæk til og kog på lavt det meste af dagen, omkring 7 til 9 timer.
2. Maggie bemærker, at æblerne krympede en smule, men holdt sig meget godt.

Myntesmørvafler

INGREDIENSER

- 2 T. smør

- 1/4 C. mælk

- 1 stk. hvid frosting blanding (tør)

-

3 dråber pebermyntearoma

FORBEREDELSE

1. Smelt smør og mælk sammen i en overdækket slow cooker på HØJ indstilling. Rør frostblandingen i og kog 1 til 2 minutter længere. Tilsæt smag. Skru ned til lavt niveau og læg teskefulde på vokspapir.
2. Gør 5 dusin.

Jordnøddesmør-chokolade cheesecake

INGREDIENSER

•

Skorpe:

• 1 kop chokolade eller almindelige graham cracker krummer

• 2 spsk brun farin

• 3 spsk smeltet smør

•

Fyldning:

• 12 oz flødeost, stuetemperatur

• 2/3 kop brun farin

• 2 store æg

• 1/3 kop cremet jordnøddesmør

• 1 spsk universalmel

• 1/2 tsk vanilje

• 1/2 kop chokoladechips, smeltet (halvsød eller mælkechokolade)

FORBEREDELSE

1. Kombiner krummer med 2 spiseskefulde brun farin; bland smeltet smør i, indtil det er godt fugtet. Dup i en 7-tommer springform.

2. I en mellemstor røreskål, med en elektrisk mixer, flød flødeosten og 2/3 kop brun farin sammen. Tilsæt æg og pisk på medium hastighed i cirka 2 minutter. Tilsæt jordnøddesmør, mel og vanilje; pisk ca. 2 minutter mere.
3. Hæld alt undtagen omkring 1/2 kop af dejen i den forberedte gryde.
4. Kombiner de smeltede chokoladechips med den resterende dej og hæld ovenpå dejen i gryden.
5. Skær chokoladedejen forsigtigt i med en kniv for at lave et hvirvlende mønster uden at forstyrre skorpen.
6. Placer på en rist eller aluminiumsfoliering (for at holde gryden væk fra bunden af gryden) i tallerkenen.
7. Dæk til og kog ved høj i 2 1/2 time. Sluk for varmen og lad det stå i cirka 1 1/2 til 2 timer, indtil det er afkølet nok til at fjerne det.
8. Afkøl helt, inden den tages ud af gryden.
9. Afkøl inden servering, og opbevar rester i køleskabet.

Ovn: Bages ved 325° F ca. 45 minutter til 1 time, sluk derefter ovnen og lad den køle af i ovnen i ca. 4 timer.

Praline cheesecake

INGREDIENSER

•

Skorpe:

• 1 kop graham cracker krummer

• 1/4 kop finthakkede pekannødder

• 2 spsk brun farin

• 3 spsk smeltet smør

Fyldning:

• 16 ounce flødeost, stuetemperatur

• 3/4 kop brun farin

• 2 store æg

• 1/4 kop piskefløde

•

1 tsk vaniljeekstrakt

•

1 spsk mel

FORBEREDELSE

1. Kombiner krummer og nødder med brun farin;
   bland smeltet smør i, indtil det er godt fugtet. Dup i
   en 7-tommer springform.

2. Pisk flødeost og sukker sammen til det er glat.
    Tilsæt æg, fløde, vanilje og mel; pisk i 3 til 4
    minutter ved medium hastighed af en håndholdt
    elektrisk mixer. Hæld i den forberedte skorpe og
    anbring på en rist eller ring af aluminiumsfolie (for
    at holde det væk fra bunden af gryden) i en 5 til 6-
    quart Crock Pot (stor nok til at passe til
    springformen).
3. Dæk til og kog på høj i 2 1/2 til 3 timer. Sluk og lad
    stå i 1 til 2 timer, indtil det er køligt nok til at fjerne
    det.
4. Afkøl helt og fjern siderne af gryden.
5. Pynt med halve pekannødder, hvis det ønskes.
6. Afkøl inden servering, og opbevar rester i
    køleskabet.

Ovn: Bages ved 325 ° F i cirka 45 minutter til 1 time, og sluk
derefter ovnen og lad den køle af i ovnen i cirka 4 timer.

Budding kage

INGREDIENSER

- 1 kop mel

- 1/2 kop sukker

- 1/2 kop grofthakkede pekannødder

- 1/4 kop usødet kakao

- 2 tsk bagepulver

- 1/2 tsk salt

- 1/2 kop mælk

- 1/4 kop olie

- 1 tsk vaniljeekstrakt

- 1 kop kogende vand

- 1/2 kop chokoladesirup

- flødeskum eller is

FORBEREDELSE

1. Kombiner de første 6 ingredienser i røreskålen; rør mælk, olie og vanilje i. Hæld dejen i en 6-kopps smurt form eller lignende beholder (sørg for, at dette passer i din crockpot). Bland kogende vand med chokoladesirup; hæld over dejen. Placer lille bordskåne, foliering eller bånd fra dåseglas i bunden af komfuret; tilsæt 2 kopper varmt vand til

crockpot. Læg formen i crockpot og dæk med 4 lag køkkenrulle.

2. Dæk crockpot og kog på høj 3 til 4 timer.
3. Serveres varm med flødeskum eller is.

Græskar Job

INGREDIENSER

• 1 dåse græskarpuré (15 ounce)

• 1 spsk græskartærtekrydderi

• 2 tsk vanilje

• 1 dåse inddampet mælk (12 ounce)

• 3/4 kop sukker

• 1/2 kop kiksblanding

• 2 spsk smør

• 2 æg

FORBEREDELSE

1. Spray slow cooker crocken med non-stick spray eller olie let indersiden.

2. Bland alle ingredienser i en røreskål. Brug en elektrisk håndmikser ved lav til medium hastighed og pisk ingredienserne sammen, indtil de er glatte.
3. Hæld blandingen i den forberedte crockpot.
4. Dæk til og kog på lav 6 til 8 timer, eller kog på høj 3 til 4 timer.
5. Hæld i kopper og top med pisket topping eller en let krydret flødeskum.
6. Serverer 6.

Græskar te brød

INGREDIENSER

-

1/2 kop vegetabilsk olie

-

1/2 kop granuleret sukker

- 1/2 kop lyst eller mørkt brun farin, fast pakket

- 2 store æg, pisket

- 1 kop græskarpuré på dåse

- 1 1/2 kopper sigtet mel

- 1/2 tsk salt

- 1/2 tsk kanel

- 1/2 tsk muskatnød

- 1 tsk natron

- 1 kop hakkede pekannødder eller valnødder

FORBEREDELSE

1. I en røreskål kombineres olie med granuleret og brunt sukker; blandes godt. Rør sammenpisket æg og græskarpuré. Sigt tørre ingredienser sammen; rør i græskarblandingen og vend derefter hakkede nødder i. Hæld dejen i smurt og meldrysset 1 lb. 10 oz. kaffedåse (sørg for, at den passer i din crockpot

med låg på) eller brug en bageform, der rummer dej og passer i din crockpot. Placer dåsen i crockpot.

2. Dæk toppen af dåsen med 8 papirhåndklæder; læg låg på crockpot. Bages på HØJ i 2 1/2 til 3 1/2 time. Løft ikke låget, før kagen er stegt i mindst 2 timer.

Rabarberbag

INGREDIENSER

- 2 kopper friske rabarber i skiver

- 3/4 kop granuleret sukker

- 1 kanelstang

- 1 tsk revet citronskal

-

1/4 kop smør

-

1/3 kop mel

-

1/3 kop sukker

FORBEREDELSE

1. Kombiner rabarber med 3/4 kop sukker, kanel og citronskal i komfuret. Dæk til og kog på LAV i 3 til 4 timer. Fjern kanel. Hæld rabarberne i et ovnfad. Bland de resterende ingredienser sammen til de er smuldrende og drys over rabarber. Bages ved 400° i 20 til 25 minutter, indtil toppingen er pænt brunet. Server med pisket topping eller is.
2. Serverer 4 til 6.

Rich Brownies i en nøddeskorpe

INGREDIENSER

- 1/4 kop smeltet smør

- 1 kop hakkede pekannødder

- 1 pakke brownieblanding i familiestørrelse (ca. 20 til 23 ounce) sammen med ingredienser til tilberedning

FORBEREDELSE

1. Hæld smeltet smør i 2-pund kaffedåse; hvirvl for at dække bund og sider godt. Drys med halvdelen af de hakkede pekannødder. Bland brownies i henhold til pakkens anvisninger, og rør de resterende hakkede pekannødder i. Hæld dejen i kaffedåsen. Sæt dåsen i slowcooker. Dæk toppen af dåsen med 8 køkkenrulle. Dæk til og bag på HIGH i 3 timer. Kontroller eller fjern ikke dækslet før 45 til 60 minutter. Fjern dåse; kasser papirhåndklæder.
2. Lad stå 5 minutter. Fjern formen og server, hvis det ønskes, mens det er varmt.

Ricotta Amaretto Cheesecake

INGREDIENSER

• Skorpe:

• 1 kop vaniljewaferkrummer (ca. 21 til 23 småkager)

• 1 spsk sukker

• 1/8 tsk mandelekstrakt

• 3 spsk smeltet smør

•

Fyldning:

• 15 ounce lys ricottaost

• 8 ounce flødeost, blødgjort

• 2/3 kop sukker

• 3 store æg plus 1 æggeblomme

• 1/4 kop Amaretto likør

• 2 spsk universalmel

• 1/4 tsk mandelekstrakt

•

1/2 tsk vaniljeekstrakt

FORBEREDELSE

1. Kombiner skorpe ingredienser godt; dup i en 7-
   tommer springform.

2. Pisk sukker i ostene; tilsæt æg; pisk i 2 til 3 minutter på medium hastighed i en elektrisk håndmikser. Tilsæt de resterende fyldningsingredienser og pisk yderligere ca. 2 minutter. Hæld i forberedt skorpe.
3. Placer cheesecaken på en rist i Crock-Pot (eller brug en "ring" af krøllet aluminiumsfolie til at holde den væk fra bunden af gryden). Dæk til og kog cheesecaken ved høj temperatur i 2 1/2 til 3 timer.
4. Lad stå i den tildækkede gryde (efter at have slukket for den) i cirka 1 til 2 timer, indtil den er kølig nok til at håndtere.
5. Afkøl grundigt, før du fjerner pandens sider.
6. Chill før servering; opbevar rester i køleskabet.

Ovn: Bages ved 325 ° F i cirka 45 minutter til 1 time, og sluk derefter ovnen og lad den køle af i ovnen i cirka 4 timer.

Simpel Slow Cooker æbledessert

INGREDIENSER

- 4 store æbler, skrællet, udkernet, delt i kvarte

- 1/2 kop lys brun farin

- 2 kopper æblecider

- 2 kopper vand

- 2 kanelstænger eller ca. 1 tsk stødt kanel

- 3 spsk smør, skåret i små stykker

- 1 spsk majsstivelse blandet med 1 spsk koldt vand

-

1 tsk vaniljeekstrakt

FORBEREDELSE

1. Læg æblerne i slowcooker-indsatsen.
2. I en skål kombineres brun farin, cider, vand, kanelstænger eller kanel og smør. Hæld over æblerne.

3. Dæk til og kog på HIGH i 2 til 2 1/2 time, eller indtil æblerne er møre, rør 2 eller 3 gange under hele tilberedningen.
4. Hæld saften i en gryde og bring det i kog på komfuret. Kog, under omrøring lejlighedsvis, i 8 til 10 minutter. Reducer varmen til en simre.
5. Kombiner majsstivelse og koldt vand og blend godt. Rør i de simrende safter. Fortsæt med at lave mad, under konstant omrøring, indtil det er tyknet. Rør vaniljen i.
6. Server æblerne med cidersaucen.
7. Serverer 4.

Slow Cooker Morgenmad skomager

INGREDIENSER

• 4 mellemstore æbler, skrællet, udkernet og skåret i skiver

• 1/4 kop honning

• 1 tsk stødt kanel

• 2 spsk smeltet smør

• 2 kopper granola, din favorit

FORBEREDELSE

1. Placer æbler i smurt langsom komfur; Bland de resterende ingredienser og drys æblerne over. Dæk til og kog på LAV 7 til 9 timer eller på HØJ 3 til 4 timer. Server med fløde eller is
2. Serverer 4.

Langsomt kogt frugtkompot med kanel

INGREDIENSER

• 1 dåse (ca. 15 ounce) fersken i skiver

• 1 dåse (ca. 15 ounce) mørkerøde kirsebær

• 1 dåse (ca. 15 ounce) pærer i skiver

• 1 dåse (ca. 15 ounce) abrikoshalvdele

• 4 spsk lys brun farin, pakket

• 4 spsk frossen appelsinjuicekoncentrat eller almindelig appelsinjuice

• 1/2 tsk kanel

FORBEREDELSE

1. Dræn frugterne godt. Sæt frugter i slow cooker-indsatsen med brun farin, appelsinjuicekoncentrat og kanel. Rør forsigtigt, dæk til og kog på LAV i 3 til 5 timer.
2. Serverer 6 til 8.

Slow Cooker Orange Cinnamon Bread Pudding

INGREDIENSER

- 6 skiver brød, ca. 6 ounce, revet i små stykker

- 1/2 kop gyldne eller mørke rosiner

- 1 dåse (12 ounce) inddampet mælk

- 4 store æg

- 2 spsk smeltet smør

- 6 ounce appelsinjuice koncentrat

- 4 store æg

- 1 kop sukker

- 1/2 tsk stødt kanel

-

1 spsk vaniljeekstrakt

FORBEREDELSE

1. Smør generøst en 1 1/2-liters souffléskål eller 7-kops Pyrex-glas med lige sider beholder/gryde.
2. Kom brød og rosiner i en stor skål. Sæt til side.
3. I en anden skål piskes mælk og æg med smeltet smør, appelsinjuicekoncentrat, sukker, kanel og vanilje; hæld brødblandingen over og blend godt.
4. Hæld i forberedt skål/gryde.

5. Riv en 16-tommer længde af folie af og fold på langs to gange for at danne et robust løft til den færdige budding.
6. Sæt folien i slowcookeren, og lad enderne ligge udenfor. Hæld omkring 1 kop meget varmt vand i crockpot. Læg brødbuddingen i servicet, anbring folie-"håndtag" til indersiden og dæk gryden.
7. Kog på HIGH i 2 1/2 time. Brug grydelapper, og brug forsigtigt "håndtagene" til at løfte fadet op af gryden, så du kan få fat om ydersiden af fadet. Sæt på en rist for at køle lidt af.
8. Serveres lun med vaniljesauce eller appelsinsauce.

Slow Cooker risengrød med blandede bær

INGREDIENSER

- 1 pakke (6 ounce) tørrede tranebær

- 1 pakke (4 ounce) tørrede blåbær

- 1 dåse (12 ounce) inddampet mælk

- 1 1/2 dl vand

- 8 ounce frosset appelsinjuice koncentrat

- 3/4 kop sukker

- 1 kop tung fløde

- Dash salt

- 1/4 tsk stødt kanel

- 1 kop kortkornet Arborio ris

FORBEREDELSE

1. Spray indersiden af serviceindsatsen med nonstick-spray.
2. Bland alle ingredienser og hæld i slowcookeren.
3. Dæk til og kog på LAV i 4 til 5 timer eller på HØJ i 2 til 2 1/2 time, eller indtil risene er møre og blandingen er tyknet.
4. Rør blandingen omkring halvvejs i kogetiden og kort før den er færdig.
5. 6 portioner

Ske fersken

INGREDIENSER

-

1/4 kop granuleret sukker

-

1/2 kop brun farin

-

3/4 kop kiks blanding

-

2 æg, pisket

-

2 tsk vanilje

-

2 tsk smeltet smør

-

2/3 kop inddampet mælk

-

2 kopper ferskenskiver, mosede

-

1 sparsom tsk kanel

FORBEREDELSE

1. Spray slowcooker med non-stick
   madlavningsspray. Bland sukker og

kikseblandingen. Rør æg og vanilje i. bland det
smeltede smør og mælk i. Tilsæt ferskner og kanel.
Hæld i slowcooker/Crock Pot. Kog ved lav
temperatur i 6 til 8 timer.

Dampet græskar-dadelpudding

INGREDIENSER

-

1 kop brun farin

-

1/2 kop afkortning

-

2 æg, adskilt

-

1 3/4 kopper universalmel

-

1 tsk salt

-

1 tsk bagepulver

-

1 tsk bagepulver

-

1 tsk stødt kanel

-

1 tsk muskatnød

-

1 tsk malet ingefær

- 1 16 oz dåse græskar eller 1 1/2 kop friskkogt og pureret græskar

* 1/4 kop inddampet mælk

* 1 kop hakkede dadler

*

1/2 kop hakkede pekannødder

FORBEREDELSE

1. Flødefarin og afkortning. Tilsæt æggeblommer, pisk godt. Bland mel, salt, smør, bagepulver, natron, kanel, muskatnød og ingefær sammen og pisk i skiftevis med græskar og mælk. Vend dadler og nødder i. Pisk æggehviderne til de holder stive toppe og vend forsigtigt i dejen. Kom blandingen i en velsmurt eller smurt 6-koppers form eller soufléfad. Placer en lille bordskåne i en Crock Pot, der er stor nok til souffléskålen, og tilsæt ca. 1/2 til 3/4 tomme vand til Crock Pot.

2. Hvis du ikke har et bordskåne, så lav en ring af folie, der lige er tyk nok til at holde soufléfadet ude af vandet. Klip en omgang vokspapir, så den passer til toppen af soufléfadet, og smør den let, så dejen ikke hænger fast, når den hæver, og pak derefter godt ind med aluminiumsfolie. Kom i Crock Pot og kog på LAV i 4 til 5 timer.

Stuvede frugter

INGREDIENSER

- 16 ounce svesker, udstenede

- 8 ounce tørrede abrikoser

- 8 ounce tørrede pærer

- 3 kopper vand

- 1/2 kop sukker

- 1/2 vaniljestang eller 1/2 tsk vanilje

- 1 tsk fintrevet citronskal

- 2 spsk frisk citronsaft

FORBEREDELSE

1. Kombiner alle ingredienser sammen i Crock Pot og kog ved lav temperatur, indtil frugten er mør, 6 til 8 timer.
2. Serveres lun eller ved stuetemperatur.
3. Udbytte: 6 til 8 portioner.

Jordbær-rabarber skomager

INGREDIENSER

-

2 1/2 dl skåret rabarber

-

1 1/2 kopper skåret jordbær

-

3/4 kop sukker

-

1/2 kop vand

-

2 tsk citronsaft

- 2 spsk majsstivelse blandet med lige nok koldt vand til at lave en jævn pasta

- 1 c. + 1 spsk. mel (eller brug selvhævende mel og undlad bagepulver)

- 3 spsk. sukker

- 1 1/2 tsk. bagepulver

- 1/4 tsk. salt

- 1/4 kop koldt smør

- 1/2 kop mælk eller halvt og halvt

FORBEREDELSE

1. Kombiner frugt, sukker, vand og citronsaft i slowcooker/Crock Pot. Dæk og kog på lav 4 til 5 timer. Bland majsstivelse med lidt koldt vand og tilsæt blandingen. Drej til høj. Blend tørre ingredienser. Skær smør i indtil blandingen er kornet; bland mælk i, indtil det lige er fugtet. Drop små mængder over frugtblandingen.
2. Dæk til og kog i cirka 1 time ved høj varme.

Streusel pund kage

INGREDIENSER

- 1 æske pund kageblanding, 16 ounce

- 1/4 kop lys brun farin, fast pakket

- 1 spsk universalmel

- 1/4 kop finthakkede pekannødder

- 1 tsk stødt kanel

- 2 tsk smør

FORBEREDELSE

1. Bland kageblandingen efter pakkens anvisninger. Hæld dejen i en godt smurt og meldrysset 2 punds kaffeform (sørg for, at den passer i din crockpot med låg) eller bageform, der rummer dejen og passer i din crockpot. Kombiner sukker, mel, nødder, kanel og smør; drys over kagedejen. Sæt dåsen i slowcooker. Dæk toppen af dåsen med 8 lag køkkenrulle. Dæk til langsom komfur og bag ved høj temperatur i 3 til 4 timer.

Tredobbelt chokoladepuddingkage

INGREDIENSER

- 1 pakke chokoladekageblanding (2-lags størrelse)

- 2 kopper creme fraiche

- 1 pakke instant chokoladebudding (alle størrelser)

- 1 kop halvsød chokoladechips

- 3/4 kop vegetabilsk olie•

-

4 store æg

-

1 kop vand

FORBEREDELSE

1. Spray crock pot med non-stick spray.
2. Bland alle ingredienser sammen i en skål indtil godt blandet; overfør til slowcookeren.
3. Dæk til og kog på LAV i 6 til 8 timer. Løft ikke låget.
4. Server med is.

Varm krydret frugt

INGREDIENSER

• 1 stor dåse (28 til 29 ounce) ferskenskiver, drænet (28 til 29 ounce)

• 1 dåse ananas lækkerier med naturlig juice, udrænet (8 til 16 ounce)

• 1 stor dåse (28 til 29 ounce) pæreskiver, drænet (28 til 29 ounce)

• 1 dåse (15 ounce) blandet chunky frugt

• maraschinokirsebær, drænet, ca. 1/2 kop, eller som ønsket

• 1 spsk majsstivelse

• 1 1/2 tsk stødt kanel

• 1 tsk stødt muskatnød

• 1/2 kop brun farin

• 4 spsk smør

FORBEREDELSE

1. Kombiner alle ingredienser i slow cookeren; rør forsigtigt.

2. Dæk til og kog på LAV i cirka 4 til 6 timer eller på HØJ i 2 til 3 timer. Server med tung fløde eller en klat creme fraiche, hvis det ønskes.
3. Serverer 8.

Zucchini brød

INGREDIENSER

-

2 store æg

-

2/3 kop vegetabilsk olie

-

1 1/4 kop sukker

-

1 1/3 kopper zucchini, skrællet og revet

-

1 spsk vaniljeekstrakt

-

2 kopper universalmel

-

1/4 tsk salt

-

1/2 tsk bagepulver

-

1 1/2 tsk stødt kanel

-

1/4 tsk stødt muskatnød

-

1 kop hakkede pekannødder eller valnødder

FORBEREDELSE

1. Pisk æggene i røreskålen med en elektrisk røremaskine, indtil de er lette og skummende. Tilsæt olie, sukker, revet zucchini og vanilje. Bland godt.
2. Kombiner de tørre ingredienser i en anden skål med nødder; rør godt for at blande. Rør i zucchiniblandingen og blend godt.
3. Hæld i en smurt og meldrysset 2 pund kaffedåse eller 2 quart form (hvad end du bruger, sørg for at det passer i din slowcooker). Placer i slowcooker.
4. Dæk dåse eller fad med 8 køkkenrulle.
5. Dæk til og bag på HIGH i 3 til 4 timer.
6. Fjern ikke låget for at kontrollere kagen, før den har kogt i 3 timer. Lad stå i 5 minutter før udformningen.

Bønner med tun

INGREDIENSER

•

4 spsk olivenolie

•

1 fed hvidløg, knust

• 1 pund små hvide bønner, udblødt natten over, drænet

• 2 kopper hakkede tomater

• 2 6-1/2 oz dåse hvid tun i vand, drænet og flaget

• 2 kviste basilikum, finthakket, eller 1 1/2 tsk tørret basilikum

• salt og peber efter smag\

FORBEREDELSE

1. Sautér hvidløg i olie, indtil de er brune; kasser hvidløg. Kombiner hvidløgssmagsolie med bønner og 6 kopper vand (48 ounce) i crockpot. Dæk til og kog ved høj 2 timer. Skru ned for varmen, dæk til og kog i 8 timer. Tilsæt de resterende ingredienser; dæk til og kog ved høj i 30 minutter.

Cheese 'n Pasta Delight (tun eller kylling)

INGREDIENSER

- 1 lb kyllingemøre eller kyllingebryst i tern

- 1 dåse (15 oz) tomater i tern

- 1 lille dåse (6 oz) tomatpure

- 1 ribbensselleri, skåret i skiver

- 1/4 kop hakket løg

- 1/2 kop hakkede eller strimlede gulerødder, dåse eller kogt, indtil de er lidt møre

- 1/2 tsk oregano

- 1/2 tsk salt

- 1/4 tsk peber

- 1/2 tsk hvidløgspulver

- knivspids sukker eller andet sødemiddel (valgfrit eller efter smag)

FORBEREDELSE

1. Kom alle ingredienserne i slowcooker eller crockpot. Dæk til og kog på lavt niveau i 6 til 8 timer. Smag til og juster krydderier ca. 30 minutter før servering og tilsæt eventuelt lidt vand for at tynde ud. Server denne nemme opskrift på

kyllingepastasauce over spaghetti, fettucine eller anden pasta.
2. Denne nemme opskrift med kylling serverer 4.

Kylling og pølse Gumbo med rejer

INGREDIENSER

- 3 spsk universalmel

- 3 spsk olie

- 1/2 pund røget pølse, skåret i 1/2 tomme skiver

- 3/4 til 1 pund udbenet kyllingelår, skåret i mundrette stykker

- 1 1/2 til 2 kopper frossen skåret okra

- 1 kop hakket løg

- 1/2 kop hakket grøn peberfrugt

- 3 fed hvidløg, hakket

- 1/4 tsk malet cayennepeber, eller efter smag

- 1/4 tsk kværnet sort peber

- 1 dåse (14,5 ounce) tomater i tern, udrænet

- 1 kop frosne mellemstore rejer, rensede og kogte

- 1 1/2 kopper ukogte almindelige langkornede hvide ris

- 3 kopper hønsebouillon eller vand (opdateret 9/07)

FORBEREDELSE

1. I en lille gryde kombineres mel og olie; bland godt.
   Kog under konstant omrøring ved medium-høj
   varme i 5 minutter. Reducer varmen til medium-

lav; kog under konstant omrøring i ca. 8 til 12 minutter, eller indtil blandingen bliver lys rødbrun.

2. Placer mel- og olieblandingen i 3 1/2 til 4-quart slow cooker-indsats. Tilsæt alle resterende ingredienser undtagen rejer, ris og bouillon eller vand; rør grundigt.
3. Dæk til og kog på LAV i 7 til 9 timer.
4. Tilføj de kogte rejer til gumboen; bland godt.
5. Dæk til og fortsæt med at koge på LAV i 20 minutter længere. I mellemtiden koger du ris i bouillon eller vand efter anvisningen på pakken.
6. Server gumbo over de varme kogte ris sammen med majsbrød eller kiks.
7. Serverer 6 til 8.

Kylling og rejer

INGREDIENSER

• 2 pund kylling, udbenede lår og bryster, skindet fjernet, skåret i stykker

• 2 spsk ekstra jomfru olivenolie

• 1 kop hakket løg

• 2 fed hvidløg, hakket

• 1/4 kop persille, hakket

• 1/2 kop hvidvin

• 1 stor dåse (15 ounce) tomatsauce

• 1 tsk tørret bladbasilikum

• 1 pund ukogte rejer, pillet og udvundet

• salt og friskkværnet sort peber efter smag

• 1 pund fettuccine, linguine eller spaghetti

FORBEREDELSE

1. Varm olivenolien op i en stor stegepande eller sauterpande ved middel varme. Tilsæt kyllingestykkerne og kog under omrøring, indtil de er let brunede. Fjern kyllingen til slow cooker.
2. Tilsæt lidt mere olie på panden og svits løg, hvidløg og persille i cirka 1 minut. Fjern fra varmen og rør vin, tomatsauce og tørret basilikum i. Hæld blandingen over kyllingen i slow cooker.

3. Dæk til og kog på LAV i 4 til 5 timer.
4. Rør rejer i, læg låg på og kog på LAVT i cirka 1 time længere.
5. Smag til med salt og friskkværnet sort peber efter smag.
6. Lige inden retten er færdig koges pastaen i kogende saltet vand som anvist på pakken.

Citrusfisk - Crockpot

INGREDIENSER

* 1 1/2 pund fiskefileter

* salt og peber efter smag

* 1/2 kop hakket løg

* 5 spsk hakket frisk persille

* 1 spsk vegetabilsk olie

* 2 tsk revet citronskal

* 2 tsk revet appelsinskal

* Appelsin- og citronskiver, til pynt

*

persillekviste, til pynt

FORBEREDELSE

1. Smør langsom komfur; drys fiskefileter med salt og peber. Læg fisken i crockpot. Kom løg, persille, revet appelsin og citronskal og olie over fisken. Dæk til og kog på LAV i 1 1/2 time.
2. Server pyntet med appelsin- og citronskiver og frisk persillekviste.

Crockpot Clam Chowder

INGREDIENSER

- 4 (6 1/2 oz.) dåser hakket muslinger med juice

- 1/2 lb. salt svinekød eller bacon i tern

- 1 kop hakket løg

- 6 til 8 mellemstore kartofler, skrællet og skåret i tern

- 3 kopper vand

- 3 1/2 tsk salt

- 1/4 tsk peber

- 4 kopper halv og halv fløde eller mælk

- 3 til 4 spsk. majsstivelse

- hakket frisk persille, til pynt

FORBEREDELSE

1. Skær muslinger i mundrette stykker, hvis det er nødvendigt.
2. I stegepanden, sauter salt svinekød eller bacon og løg indtil gylden brun; dræne. Sæt i slow cooker med muslinger.
3. Tilsæt alle de resterende ingredienser, undtagen mælk, majsstivelse og persille.

4. Dæk til og kog på høj 3 til 4 timer, eller indtil
    grøntsagerne er møre.
5. I løbet af den sidste time af madlavningen
    kombineres 1 kop mælk eller fløde med
    majsstivelsen. Tilsæt majsstivelsesblanding og den
    resterende mælk eller fløde og rør godt; varme
    igennem.
6. Top hver servering med lidt hakket persille og
    server med kiks eller sprødt franskbrød.

Crockpot Jambalaya

INGREDIENSER

• 1 pund kyllingebryst eller møre, udbenet, skåret i 1-tommers terninger

• 8 til 12 ounce røget pølse, skåret i skiver

• 1/2 kop hakket løg

• 1 grøn peberfrugt, hakket

• 1 stor dåse (28 ounce) knuste tomater

• 1 kop hønsebouillon

• 1/2 kop tør hvidvin

• 2 tsk tørret bladoregano

• 2 tsk tørret persille

• 2 tsk Cajun-krydderi

• 1 tsk cayennepeber

• 1 pund rejer, kogte

• 2 kopper langkornet ris, kogte

FORBEREDELSE

1. Kombiner kylling, pølse, hakket peberfrugt og hakket løg i slow cooker. Tilføj tomater, kylling bouillon, vin, oregano, persille, Cajun krydderier og peber; rør forsigtigt.

2. Dæk til og kog på LAV i 6 til 8 timer eller på HØJ i 3 til 4 timer.
3. 30 til 30 minutter før du spiser, tilsæt kogte rejer og varm kogte ris; varmes grundigt op.
4. Serverer 8.

Pulled Pork Barbecue

INGREDIENSER

- 4 lb flæskesteg (udbenet svinekødskulder eller Boston-røv)

- salt og peber

- 2 løg, skåret i skiver, delt

- 5 eller 6 hele nelliker

- 2 kopper vand

- 1 løg, hakket

- 16 oz flaske med din yndlings barbecuesauce

FORBEREDELSE

1. Læg et løg i skiver i bunden af Crock Pot.
2. Sæt flæskestegen med nelliker og krydr med salt og peber.
3. Læg stegen i slowcooker oven på det snittede løg. Dæk med det andet snittede løg og tilsæt nok vand til at fylde Crock Pot to tredjedele af vejen.
4. Dæk og kog på lav 8 til 12 timer.
5. Fjern stegen. Fjern og kassér nelliker, ben og fedt samt eventuelt vand, løg og fedt, der er tilbage i gryden.
6. Når flæskesteg er køligt nok til at håndtere, brug en gaffel eller fingrene til at trække den fra hinanden, indtil hele stegen er strimlet.

7. Kom pulled pork tilbage i crock pot. Tilsæt det hakkede løg og BBQ sauce og læg låg på. Varm på høj i 1-3 timer eller indtil løgene er bløde.
8. Server på store, sprøde boller med en sennepsbaseret BBQ-sauce i Carolina-stil. Pynt med dildsyltespyd, råløg i tynde skiver og syltede pepperoncini (italiensk bananpeber). Server med sprød, hjemmelavet slaw.

Pulled Pork Fajitas

INGREDIENSER

• 1 udbenet svinekamsteg, ca. 2 1/2 pund (eller brug en traditionel svinekødskulder eller numse)

• 1 mellemstort løg, skåret i tynde skiver

• 2 kopper barbecue sauce, købt eller hjemmelavet

• 1/2 kop salsa

• 2 spsk chilipulver

• 1 tsk stødt spidskommen

• 1/2 tsk hvidløgspulver

• 1/2 tsk oregano

• 1/4 tsk kværnet sort peber

• 1/8 tsk stødt rød peber, eller efter smag

• 1/2 tsk salt

• 1 lille grøn peberfrugt, skåret i strimler

• 1 lille rød peberfrugt, skåret i strimler

• 10 meltortillas (8 til 10 tommer i diameter)

FORBEREDELSE

1. Fjern overskydende fedt fra svinekød. Placer
   svinekød i 3 1/2- 6 liter langsom komfur; anret løg

ovenpå. Bland barbecuesauce, salsa, urter og krydderier; hældes over svinekød.

2. Dæk til og kog ved lav varme i 8 til 10 timer, eller indtil svinekødet er meget mørt.
3. Fjern svinekød; læg på stor tallerken. Brug 2 gafler til at trække svinekød i skiver.
4. Hæld sauce i skål; rør svinekød i. Sautér peberstrimler i lidt olie.
5. Ske fyld på tortillas; top med et par peberstrimler, og rul sammen.

Rød kogte ribben

INGREDIENSER

- 3/4 kop hoisinsauce

- 3 spsk sojasovs

- 2 spsk tør sherry

- 1 tsk malet ingefær

- 1 spsk honning

- 4 fed hvidløg, hakket

- 1 tsk stødt allehånde

- 2 tsk revet appelsinskal

- 1 lille varm rød chilipeber, frøet og smuldret, eller ca. 1/2 tsk stødt rød peber

- 1 bundt grønne løg, ca. 6 til 8, skåret i skiver med grønt

- 2 til 3 pund udbenet svineribbe i landlig stil, trimmet

FORBEREDELSE

1. I en lille skål blandes hoisinsauce, sojasauce, sherry, ingefær, honning, hvidløg, allehånde, appelsinskal og rød chilipeber sammen.
2. Placer 1/3 af de grønne løg i en 3 1/2- til 5-quart langsom komfur.
3. Top med nogle af svineribben og kom lidt af saucen på kødet.

4. Gentag disse lag 2 gange mere, og slut med den
    resterende sauce.
5. Dæk til og kog på lav 9 til 10 timer, eller indtil de er
    møre.
6. Serverer 6.

Salsa'd svinekød

INGREDIENSER

• udbenet svinekamsteg eller trimmet udbenet svineskulder

• frisk salsa

• salt og peber

FORBEREDELSE

1. Læg stegen i slowcooker. Dæk med frisk salsa. Tilføj eventuelt yderligere krydderier efter ønske.
2. Kog ved lav temperatur i 6 til 8 timer, eller indtil stegen er mør.

Smukke italienske pølser

INGREDIENSER

• 4 til 6 italienske pølser

• 2 spsk tomatpure

• 1/2 tsk tørret sød basilikum

• 1/2 tsk tørrede oreganoblade

• 4 til 6 mellemstore tomater i tern

• 2 løg, halveret og skåret i skiver

• 1 lille grøn peberfrugt, skåret i strimler

• stik cayennepeber, mere eller mindre efter smag

• salt og peber efter smag

• mozzarellaost i skiver, hvis det ønskes

FORBEREDELSE

1. I en mellemstor gryde, lad pølser simre i vand i cirka 20 minutter; dræn og overfør til slow cooker/Crock Pot. Tilsæt de resterende ingredienser. Dæk til og kog på lavt niveau i 6 til 8 timer. Servér på sprøde rundstykker eller afslut med en topping af mozzarellaost og læg under slagtekyllingen, indtil osten er smeltet og boblende. Et lækkert måltid med en slynget salat.
2. Italiensk pølseopskrift serverer 4.

Saucy æble-honning mørbrad

INGREDIENSER

●

1 til 1 1/2 lbs svinemørbrad

●

1 mellemstor løg, hakket

- 1/2 kop hakket tørret æble eller abrikos

- 1 peberfrugt, hakket

- 1 pakke land sauce mix (1 oz)

- 1/4 kop honning

- 1/3 kop vand

- 3 spsk sojasovs med lavt natriumindhold

- 2 spsk cider- eller vineddike

- 1 tsk hvidløgspulver

- salt og peber efter smag

FORBEREDELSE

1. Læg svinekød i slow cooker med løg, tørret æble og peberfrugt.
2. Kombiner de resterende ingredienser; hældes over svinekød.
3. Dæk til og kog ved lav temperatur i 7 til 9 timer (3 1/2 til 4 1/2 time ved høj temperatur).

4. Serverer 4 til 6.

Saucy Maple Country Style Ribben

INGREDIENSER

- 1 1/2 lbs udbenet svineribbe i landlig stil

- 1/4 kop ahornsirup

- 1 spsk sojasovs

- 2 spsk tørret hakket løg, eller brug friske

- 1/4 tsk kanel

- 1/4 tsk ingefær

- 1/4 tsk allehånde

- 1/2 tsk hvidløgspulver

- skvæt peber

FORBEREDELSE

1. Læg svineribben i slowcookeren eller Crock-Pot.
2. Kombiner de resterende ingredienser; hældes over svinekød.
3. Dæk til og kog på lavt niveau i 7 til 9 timer, eller på indstillingen HØJ i omkring 3 1/2 til 4 1/2 time.
4. Serverer 4.

Sauerkraut og koteletter

INGREDIENSER

- 4 svinekoteletter, 1/2 tomme tykke og trimmede

- Vegetabilsk olie til bruning

- 1 med. løg, skåret i skiver og delt i ringe

- 1/4 tsk hvidløgspulver

- 3 kopper drænet surkål

- 3/4 kop æblejuice

- 1 1/2 tsk. kommenfrø

- 1/4 tsk. salt

- 1/4 tsk. timian

- 1/4 tsk. peber

-

1 kop tærte æbler i skiver

FORBEREDELSE

1. Brune svinekoteletter; sæt til side. Læg halvdelen af løgringe, hvidløgspulver, surkål, æblejuice, kommen, salt, timian og peber i en slow cooker. Placer den resterende halvdel af ingredienserne oven på koteletter; top med æbleskiver. Dæk til og kog på LAV i 6 til 7 timer eller på høj i 3 til 4 timer.
2. Serverer 4.

Pølse og kål m/æbler

INGREDIENSER

•

1 pund kielbasa, eller polsk pølse

•

1 stort løg i skiver

•

4 kopper revet rødkål

• 3 kopper skåret æbler eller 1 dåse (20 ounce) æbletærtefyld

• 1 tsk salt

• 1/4 tsk peber

• 1/4 tsk kommenfrø

• 1 laurbærblad

• 1/2 kop øl

• 1 dåse kondenseret hønsebouillon

FORBEREDELSE

1. Skær kielbasa ud og kom i komfuret. Læg løg, kål og æbler i lag, og drys hver med salt og peber og kommenfrø. Tilføj laurbærblad. Hæld øl og hønsebouillon over det hele. Dæk til og kog ved lave 6 timer eller høje 3 timer, eller indtil kål er

mør. Fjern laurbærblad før servering. Hæld grøntsagerne i en opvarmet gryde og top med den kogte pølse.

2. Serverer 4.

Pølse & Kartofler

INGREDIENSER

·

1 til 1 1/2 lbs. Polsk pølse, skåret i skiver

· 1 stor pk. (ca. 2 pund) frosne hash-brune kartofler

· 1 dåse (4 ounce) hakket mild chilipeber, valgfri

· 1 dåse Cheddar ostesuppe

· 3/4 kop inddampet mælk

· 1 bundt grønne løg, ca. 6 til 8, i tern

·

Peber

·

Hvidløgs pulver

FORBEREDELSE
1. Smør eller spray crockpot med nonstick madlavningsspray.
2. Kom pølse, kartofler, løg og krydderier i crockpot.
3. Bland suppe og mælk sammen; hæld ingredienserne i crockpoten og rør rundt for at blande ingredienserne.
4. Kog ved LAV 5 til 7 timer, omrør forsigtigt et par gange.

Pølse og kammuslede kartofler

INGREDIENSER

- 2 1/2 pund kartofler, skåret 1/4 tomme tykke

- 1 pund gennemkogt røget pølse, skåret i 1/2-tommers runder

- 1 kop hakket løg

- 1 dåse (10 3/4 ounce) kondenseret cheddarostsuppe

- 1 dåse (10 3/4 ounce) kondenseret fløde af selleri suppe

- 1 til 1 1/2 kop frosne ærter og gulerødder

FORBEREDELSE

1. I en 3 1/2- til 5-quart langsom komfur, lag omkring 1/3 af kartoflerne, 1/3 af pølsen, 1/3 af løget og 1/3 af cheddarostsuppen. Gentag lag to gange mere.
2. Top med cremen af selleri suppe; dæk til og kog på LAV i 8 til 10 timer eller på HØJ i 4 til 5 timer.
3. Cirka 20 minutter før retten er klar, tø ærter og gulerødder op i et dørslag under lunkent rindende vand. Tilføj til crockpot og kog i 15 til 20 minutter længere.
4. Serverer 4 til 6.

Pølse i øl-sennepssauce

INGREDIENSER

• 2 pund polsk pølse eller røget pølse (kalkunrøget pølse er også godt)

• 1 stort løg, delt i kvarte og skåret 1/2 tomme

• 2/3 kop øl

• 1/3 kop brun farin

• 1/4 kop eddike

• 1/4 kop tilberedt sennep

• 1 spsk majsstivelse blandet med 2 teskefulde vand for at lave en pasta

FORBEREDELSE

1. Skær pølse i 1-tommer runder; læg i slowcooker sammen med løget.
2. Bland de resterende ingredienser og hæld over pølse og løg.
3. Dæk og kog på lavt niveau i 6 til 8 timer; rør majsstivelse-vandpasta i for at tykne før servering, hvis det ønskes.
4. Server med kartoffelsalat, kartofler eller ris, eller server som forret.
5. Serverer 6.

Pølsegryde med kartofler

INGREDIENSER

*

2 til 3 mellemstore kartofler, skrællede, i tern

*

1 spsk madolie

*

1 til 1 1/2 pund italienske pølser

*

1 stort fed hvidløg, hakket

*

1/2 kop hakket løg

*

1 dåse (15 ounce) stuvede tomater

*

2 kopper hønsebouillon

*

1 dåse (6 ounce) tomatpure

*

1 1/2 tsk tørret oregano

*

1/2 tsk salt, eller efter smag

●

1/4 tsk peber

• 2 mellemgrønne peberfrugter, frøet, hakket

FORBEREDELSE
1. Smør eller sprøjt let tallerkenindsats til slow cooker; læg kartoflerne i bunden af gryden.
2. I en stor stegepande eller sauterpande opvarmes olien over medium varme. Tilføj pølselinks og brun. Skær links i 1-tommers stykker og overfør til langsom komfur. Tilsæt hvidløg og løg.
3. Kombiner de stuvede tomater, kyllingebouillon, tomatpasta, oregano, salt og peber i en separat skål; rør for at blande. Hæld blandingen over pølserne i crockpot.
4. Dæk til og kog på LAV indstilling i 8 til 10 timer, indtil kartoflerne er møre. Tilsæt peberfrugt ca. 1 time før servering.
5. Server som den er, med ristet brød eller med ris.
6.

Serverer 6.

Velsmagende svinekoteletter og sovs

INGREDIENSER

- 4 til 6 udbenede svinekoteletter, ca. 3/4 til 1 tomme tykke

- 1 dåse fløde selleri suppe

- 2 teskefulde Wyler's Shakers™ Oksekød og fransk løgsmag

- 1 spsk tørret hakket løg

- 2 tsk tørret persille, valgfrit

FORBEREDELSE

1. Placer alle ingredienser i slowcookeren/Crock Pot. Dæk til og kog på lavt niveau i 7 til 8 timer.
2. Opskrift på svinekotelet serverer 4 til 6.

Velsmagende flæskesteg med rødkål

INGREDIENSER

• 4 til 6 mellemstore røde kartofler, skåret i store bidder, ca. 2 tommer

• 1 stort løg, halveret og skåret i 1/4-tommers skiver

• 1 udbenet flæskesteg, ca. 2 pund

• 1 krukke rødkål med æble (ca. 12 ounces) eller erstatte en lille dåse surkål, skyllet godt og drænet

• 1/2 kop æblesmør

• 1 tsk hvidløgspulver

• salt og peber efter smag

• 1 spsk sukker, hvis der bruges surkål

FORBEREDELSE

1. Placer ingredienserne i slow cookeren/Crock Pot i rækkefølge; dæk til og kog på lavt niveau i 7 til 9 timer (HIGH 4 timer).
2. Serverer 4 til 6.

Velsmagende fyldte koteletter

INGREDIENSER

- 4 koteletter i midten, udbenet, 3/4 til 1 tomme tykke

- 1/3 kop hakket selleri

- 1/4 kop hakket gulerod

- 1/2 kop hakket løg

- 1 spsk olivenolie

- 2 spsk smør eller margarine

- 1/4 kop hakkede pekannødder, valgfri

- 2 kopper bløde brødkrummer

- 1 æg

- 1/2 tsk gnidet salvie

- 1/2 til 1 tsk timianblade

- 1 tsk tørrede persilleflager eller 1 spsk friskhakket

- Kosher salt og friskkværnet peber efter smag

- 4 til 6 mellemstore kartofler, halveret eller i kvarte

-

1 tsk smør eller margarine

FORBEREDELSE

1. Skær hver svinekotelet vandret gennem midten, men ikke helt igennem, til sommerfugl. Mellem

plastfolie banker du forsigtigt koteletterne for at tynde ud. Smag til med salt og peber; sæt til side.

2. Smelt 2 spsk margarine med olivenolien i en stegepande ved middel-lav varme. Kog selleri, gulerødder og løg til de er møre. Hæld grøntsagsblandingen i en mellemskål; tilsæt brødkrummer, hakkede pekannødder, salvie, persille, timian, salt og peber.

3. Bland indtil det er lidt fugtet. Klap et par spiseskefulde på hver kotelet; rulles sammen og sikres med en tandstik.

4. Placer kartofler i slow cooker/Crock Pot; prik med 1 tsk smør eller margarine. Smag let til med salt og peber.

5. Placer ruller på kartoflerne i slowcookeren/Crock Pot. Drys med den resterende fyldblanding. Dæk til og kog på lavt niveau i 7 til 9 timer. Opskrift på fyldte svinekoteletter serverer 4.

Fungerede kartofler med skinke

INGREDIENSER

• 12 ounce skinke i tern

• 8 til 10 mellemstore kartofler, skrællede og skåret i tynde skiver

• 2 mellemstore løg, pillede og skåret i tynde skiver

• salt og peber efter smag

• 1 kop revet cheddarost

• 1 dåse (10 3/4 ounce) kondenseret fløde selleri eller fløde kartoffelsuppe

•

paprika, valgfrit

FORBEREDELSE

1. Læg halvdelen af skinken, kartoflerne og løgene i en slowcooker. Drys med salt og peber og derefter revet ost. Gentag med resterende skinke, kartofler, løg, salt, peber og ost. Hæld kondenseret suppe over toppen og drys med lidt paprika, hvis det ønskes. Dæk og kog på LAV i 7 til 9 timer, eller indtil kartoflerne er møre.
2. Serverer 6.

Sesamsvineribben

INGREDIENSER

-

3/4 kop pakket brun farin

-

3 spsk honning

-

1/2 kop sojasovs

-

1/2 kop ketchup

-

2 spsk eddike

-

2 store fed hvidløg, hakket

- 2 tsk revet frisk ingefær, eller 1 tsk malet ingefær

- 1 tsk salt

- 1/4 tsk stødt rød peber

- 3 til 4 pund udbenet svineribbe i landlig stil

- 1 mellemstor løg, skåret i skiver

- 1 spsk majsstivelse

- 2 spsk vand

- 2 spsk sesamfrø, ristede

• 1/4 kop hakket grønt løg, med grønt

FORBEREDELSE

1. I en stor skål kombineres de første ni ingredienser. Tilføj ribben og vend til pels. Placer løg i bunden af slow cooker; arrangere ribben ovenpå.
2. Dæk til og kog på lavt niveau i 5 til 7 timer.
3. For at tykne saucen hældes væskerne i en gryde (si gennem en netsigte, hvis du vil have en ret klar sauce) og kog i ca. 5 minutter. Kombiner 1 spsk majsstivelse med 2 spsk vand og bland godt.
4. Rør i væskerne og kog under omrøring, indtil det er tyknet.
5. Læg ribbenene på et serveringsfad, dryp med saucen og drys med sesamfrø og grønne løg.
6. Giver 6 portioner.

Strimlet svinekød til burritos

INGREDIENSER

- 1 flæskesteg, en flæskeskulder eller numse, ca. 4 pund

- 1 tsk salt

- 1/2 tsk peber

- 2 mellemstore fed hvidløg, hakket

- 1/2 kop vand

- 4 til 6 meltortillas

- revet Monterey Jack ost, valgfrit

Topping forslag:

- hakket tomat med frø

- hakket løg

- revet salat

- creme fraiche

- guacamole

- revet ost

-

modne oliven i skiver

FORBEREDELSE

1. Placer flæskestegen i en crockpot sprøjtet med nonstick-spray. Drys med salt, peber og tilsæt derefter hakket hvidløg og vand. Dæk til og steg på LAV i 9 til 11 timer, eller indtil flæskestegen er meget mør. Løft svinekødet ud af slow cookeren med en hulske. Strimle og server med opvarmede meltortillas, med retter med revet ost og dit valg af topping ingredienser ved bordet.

2. Denne krydrede revet svinekød opskrift serverer 4 til 6.

Slow Cooker Baby Back Ribs

INGREDIENSER

• 2 stativer babyback svinekød spareribs

• grill krydderiblanding eller salt og peber

• Sovs:

• 3/4 kop ketchup

• 1 spsk kreolsennep eller dijonsennep

• 2 spsk Worcestershire sauce

• 3 spsk pakket brun farin

• 1 fed hvidløg, finthakket

• 1/4 tsk selleri frø

FORBEREDELSE

1. Beklæd en stor bradepande (med sider) med folie og spray med nonstick-spray. Forvarm ovnen til 350°.
2. Drys ribbenene over det hele med grillkrydderi eller salt og peber. Arranger ribbenene på bradepanden og bag dem i 45 minutter, vend en gang efter cirka 30 minutter. Skær ribbenene i

portionsstørrelser og anret dem i slowcookeren.
Bland sauceingredienserne og hæld over
ribbenene. Dæk til og kog på LAV i 4 til 6 timer,
indtil ribbenene er meget møre.

3. Serverer 4.

Slow Cooker svinekam og bønner

INGREDIENSER

• 1 udbenet svinekamsteg, omkring 3 til 4 pund

• krydret salt eller grillkrydderiblanding

• 1 stort løg, hakket

• 1/2 kop vand

• 1 stor dåse (20 ounce) svinekød og bønner

• 1 dåse (15 til 16 ounce) sorte bønner, drænet

• 1 dåse (15 til 16 ounce) lima bønner eller baby limas, drænet

• 1 kop barbecue sauce

• 1/2 tsk salt, eller efter smag

•

skvæt kværnet sort peber

FORBEREDELSE

1. Gnid flæskestegen over det hele med grillkrydderierne eller krydret salt. Placer i crockpot; tilsæt vand og løg.
2. Dæk til og kog på LAVT i 6 timer. Hæld væske fra og tilsæt bønner, barbecuesauce, 1/2 tsk salt og peber; kog i 2 til 3 timer længere.

Langsomt tilberedt svinekam med fyld

INGREDIENSER

- 1 æske, ca. 6 ounce, krydret fyldblanding

- 4 spsk smør

- 1/2 kop hakket løg

- 1/2 kop hakket selleri

- 1/2 kop gulerødder i tern, valgfrit

- 1 spsk hakket frisk persille eller 1 tsk tørrede persilleflager

- 1 kop hønsebouillon

- 1/2 tsk salt

- 1 kop tørrede tranebær, valgfrit

- 1 udbenet svinekamsteg, ca. 2 til 3 pund

-

••• Rub til svinekød •••

- 1 spsk brun farin

- 1 tsk kreolsk krydderblanding

- 1/2 tsk salt

- Dash sort peber

- 1/2 tsk hvidløgspulver

-

1/2 tsk malet sød paprika

FORBEREDELSE

1. Smør let en 5 til 6-quart langsom komfur.
2. Kom fyldeblandingen i en stor skål.
3. I en stegepande eller sauterpande koges løg, selleri og gulerødder i smørret ved middel lav varme, indtil de er bløde. Kombiner løgblandingen med fyldblandingen. Tilsæt persille, hønsebouillon, 1/2 tsk salt og tørrede tranebær; bland godt.
4. Hæld fyldeblandingen i slow cookeren.
5. Kombiner rub-ingredienserne og gnid over flæskestegen. Læg svinekød på farseblandingen.
6. Dæk til og kog på LAV i 7 til 9 timer, eller indtil svinekødet er gennemstegt.
7.

Serverer 4 til 6.

Langsomt tilberedt svinekødskulder

INGREDIENSER

-

2 store løg, halveret, skåret i skiver

-

1 udbenet flæskeskuldersteg

-

Salt og peber

-

1 krukke (12 ounce) æblegelé

-

1/2 kop hønsebouillon eller vand

-

2 spsk kornet sennep

FORBEREDELSE

1. Arranger løgskiver i bunden af en stor langsom komfur.
2. Skyl stegen og dup tør; lad det blive i sit net; læg på løgene.
3. Kombiner de resterende ingredienser i en kop; hældes over stegen.
4. Dæk til og kog på HIGH i 2 timer.
5. Drej til LAV og kog i 6 til 8 timer længere.
6. Serverer 6 til 8.

Slow Cooker Sødt og Surt svinekød

INGREDIENSER

• 2 lb magert svinekød, skåret i tern

• 2 spsk majsstivelse

• 3 spsk sojasovs

• 1/4 kop eddike

• 1 lille løg, skåret i skiver

• 2 tomater i skiver

• 1/2 tsk malet ingefær

• 1/4 kop brun farin, pakket

• 2 grønne peberfrugter, skåret i strimler, eller 1 rød peberfrugt og 1 grøn

FORBEREDELSE

1. Kombiner svinekød med majsstivelse i slow cooker.
2. Bland de resterende ingredienser i undtagen grøn peber og tomater.

3. Dæk til og kog på lavt niveau i 8 timer. Rør grøn peber og tomater i.
4. Kog ved høj i 10 minutter.

Røgede pølser med kartofler og kål

INGREDIENSER

• 2 pund rødskallede kartofler, skrællede eller skrællede, skåret ca. 1/4 tomme tykke

• 1 spsk smør, smeltet

• 1/2 tsk salt

• 1/4 tsk peber

• 1/2 tsk tørret bladtimian

• 1 mellemstort løg, halveret, skåret i skiver

• 1/2 lille kål, groft hakket eller strimlet

• 6 til 8 led af røget pølse, såsom andouille, kylling og æble, eller din favorit

•

1/2 kop æblejuice

•

2 tsk cidereddike

FORBEREDELSE

1. Arranger skivede kartofler i bunden af en 4-til 7-quart langsom komfur. Dryp med smør og drys med cirka halvdelen af salt, peber og timian. Vend til belægning og tilsæt derefter kål og løg. Drys med de resterende krydderier og top med

pølserne. Hæld æblecider over det hele og dryp
derefter med eddike.
2. Dæk til og kog i 6 til 8 timer på LAV eller 3 til 4
timer på HØJ.
3. Serverer 4 til 6.

Flæskesteg fra det sydlige Stillehav

INGREDIENSER

- svinekamsteg, udbenet, omkring 3 til 4 pund

- salt og peber

- hvidløgs pulver

- 1 stort løg, skåret i skiver

- 1/4 kop sukker

- 3/4 kop varmt vand

- 2 spsk sojasovs

- 2 spsk sherry

- 1/2 tsk malet ingefær

- 3 spsk rødvinseddike

- 1 spsk ketchup eller tomatpure

- 1 rød peberfrugt, skåret i skiver

- 1 grøn peberfrugt, skåret i skiver

- 1 dåse [8 ounces] ananas bidder, drænet

- 2 spsk vand

- 2 spsk koldt vand

FORBEREDELSE

1. Krydr flæskesteg med salt, peber og hvidløg. Brun stege på alle sider. Placer løg i bunden af slow cooker-indsatsen; top med flæskestegen. Bland sukker, varmt vand, sojasovs, sherry, malet ingefær, vineddike og ketchup. Dæk til og kog på LAV i omkring 8 til 9 timer. Cirka 1 time før færdig tilsættes peberfrugt og ananas i skiver.
2. For at gøre sovsen tykkere, blend 2 spsk majsstivelse med 2 spsk koldt vand.
3. Drej slow cookeren til HIGH og tilsæt majsstivelsesblandingen. Fortsæt med at koge, indtil det er tyknet. (Jeg ville gøre dette trin på komfuret).
4. Serverer 6 til 8.

Spare Ribs Crock Pot

INGREDIENSER

- 2 til 3 pund svineribbe i landlig stil

- 1 kop ketchup

- 1 kop cola eller Dr. Pepper

FORBEREDELSE

1. Steg svineribben i ca. 20 minutter, vend omkring
    halvvejs gennem tilberedningen for at brune begge
    sider; kasser overskydende fedt.
2. Kombiner ketchup og cola. Læg ribbenene i Crock-
    Pot og hæld derefter colablandingen over
    ribbenene.
3. Kog 2 timer på høj og derefter 2 til 5 timer på LAV.

Spareribs, Kål og Kraut

INGREDIENSER

- 2 stativer babyback svinekød spareribs

- grill krydderiblanding eller salt og peber

- Sovs:

- 3/4 kop ketchup

- 1 spsk kreolsennep eller dijonsennep

- 2 spsk Worcestershire sauce

- 3 spsk pakket brun farin

- 1 fed hvidløg, finthakket

- 1/4 tsk selleri frø

FORBEREDELSE

1. Beklæd en stor bradepande (med sider) med folie og spray med nonstick-spray. Forvarm ovnen til 350°.
2. Drys ribbenene over det hele med grillkrydderi eller salt og peber. Arranger ribbenene på bradepanden og bag dem i 45 minutter, vend en gang efter cirka 30 minutter. Skær ribbenene i

portionsstørrelser og anret dem i slowcookeren. Bland sauceingredienserne og hæld over ribbenene. Dæk til og kog på LAV i 4 til 6 timer, indtil ribbenene er meget møre.
3. Serverer 4.

Fyldt kål

INGREDIENSER

- 1 kålhoved eller 12 store blade, adskilt fra hovedet•

- Lille stykke saltflæsk eller 2 skiver bacon

- 1 pund magert hakkebøf

- 1 pund hakket svinekød

- 1 æg, pisket

- 1/4 kop mælk

- 1/4 kop hakket løg

- 1 kop kogte ris

- 1 tsk salt

- 1/4 tsk friskkværnet sort peber

- 1 stor dåse (15 ounce) tomatsauce

- 2 spsk citronsaft

- 2 spsk brun farin, pakket

- 1 1/2 tsk Worcestershire sauce

FORBEREDELSE

1. Steg saltflæsket eller baconstykkerne og stil til side.
2. Kombiner oksekød, svinekød, æg, mælk, løg, ris og krydderier; bland godt. Placer 1/4 kop

kødblanding i et kålblad. Rul og kom i slowcooker eller Crock Pot (fastgør med tandstikker, hvis det ønskes). Gentag med de resterende blade og kødblandingen.

3. Kombiner tomatsauce, citronsaft, brun farin og Worcestershire sauce; hældes over blade. Tilsæt salt svinekød eller bacon og dryp.

4. Kog ved lav 7 til 9 timer, eller på HØJ i 4 til 5 timer.

5. Tip: For nemt at adskille bladene skal du fryse hele kålhovedet i flere timer eller natten over. Lad det tø op i et par timer, skær derefter rundt om kernen og pil forsigtigt bladene af (startende ved kerneenden) under varmt rindende vand. De skal være fleksible nok til at fylde. Hvis ikke, damp forsigtigt for at blive blød.

6. Hvis du starter med et frisk ufrosset kålhoved, skal du skrælle og slippe kålblade i kogende saltet vand; dæk til og kog i 3 minutter eller bare indtil den er smidig.

Super nemme svinekoteletter

INGREDIENSER

• 4 svinekoteletter, ca. 3/4-tommer til 1-tommer tykke

• 2 tsk olivenolie

• 1 fed hvidløg, hakket

• 3 spsk sojasovs

• 1/4 kop hønsebouillon

• 2 spsk brun farin eller honning

• stik cayennepeber

• 1 spsk majsstivelse blandet med 1 spsk vand for at lave en
jævn pasta

FORBEREDELSE

1. Smag koteletterne til med salt og peber efter smag.
    Varm olivenolie op i en stegepande ved middel
    varme. Tilsæt svinekoteletter og svits til de er pænt
    brune på begge sider. Overfør svinekoteletter til
    crockpot. Tilføj hvidløg til grydeekskrementer og

sauter, indtil det begynder at brune; rør sojasovs, bouillon, sukker og cayennepeber i. Rør for at blande; bring lige i kog. Hæld sauce over koteletterne. Dæk til og kog på lavt niveau, indtil svinekoteletterne er møre, cirka 6 til 7 timer.

2. Rør majsstivelse og vandblanding i, indtil det er godt blandet. Dæk til og kog i cirka 20 minutter længere.
3. Serverer 4.

Super nemme Slow Cooker svinekoteletter

INGREDIENSER

- 1 til 2 spsk olivenolie, nok til at dække panden

- 4 centerskårne svinekoteletter

- friskkværnet sort peber

- 1 kuvert løgsuppe mix, omkring 1 ounce

- 1 kop kyllingebouillon eller grøntsagsbouillon, lavt natriumindhold

- 1/2 kop vand

- 2 tsk majsstivelse blandet med 1 til 2 tsk koldt vand

-

1 spsk smør

FORBEREDELSE

1. Varm olivenolien i en gryde ved middel varme. Tilsæt svinekoteletterne og drys med friskkværnet sort peber. Brun koteletterne, vend til brune begge sider, cirka 5 til 7 minutter i alt.

2. Overfør de brunede koteletter til en mellemstor til
   stor langsom komfur.
3. Kombiner sloup-blandingen, bouillon og vand i en
   skål eller 2-kopsmål. Hæld over koteletterne.
4. Dæk til og kog på LAV i 6 til 7 timer, eller på HØJ i
   omkring 3 til 3 1/2 time.
5. Overfør svinekoteletterne til et serveringsfad eller
   et fad og hold dem varme.
6. Si saften og skum fedtet af. Kom saften i en gryde
   og bring det i kog. Rør majsstivelsesblandingen i og
   kog under omrøring, indtil den er tyknet. Rør
   smørret i, indtil det er smeltet.
7. Hæld saucen over koteletterne og server.
8. Serverer 4.

Overrask Spareribs

INGREDIENSER

•

6 pund svinekød spareribs

•

vand til at dække kødet

•

4 tsk syltende krydderi

•

1 tsk salt

•

1 1/4 kopper fast pakket brun farin

•

2 tsk tør sennep

•

1/2 kop ketchup

•

1/2 kop cola (ikke diæt)

FORBEREDELSE

1. Skær ribbenene fra hinanden og læg dem i slowcooker. Dæk ribbenene med vand. Tilsæt syltningskrydderi og salt. Dæk til og kog på LAV i 6 timer eller indtil de er møre. Hæld væske fra og læg ribben i en lav gryde. Bland brun farin og tør

sennep sammen og drys over ribben. Dæk til og stil
på køl natten over. Kombiner ketchup og cola; rør
godt og fordel derefter over ribbenene. Grill eller
steg, indtil ribbenene er brunede.

2. Serverer 6 til 8.

Sød og sur Bratwurst

INGREDIENSER

- 8 til 10 bratwurst eller andre friske pølser

- 1 stort løg, skåret i skiver

- 1 flaske barbecue sauce, omkring 18 ounce

- 3 mellemgrønne peberfrugter

- 2 mellemrøde peberfrugter

- 1 (16 oz.) dåse ananas, drænet

FORBEREDELSE

1. Brun bratwursten ved middelhøj varme i en
   stegepande. Skær de brunede pølser i mundrette
   stykker, hvis det ønskes.
2. Læg løg i skiver i bunden af slow cooker; tilsæt den
   kogte pølse og barbecuesauce.
3. Dæk til og kog på LAV i cirka 3 til 4 timer.
4. Tilsæt peberfrugt, løg og ananas bidder til slow
   cookeren. Kog, under jævnlig omrøring, indtil
   peberfrugterne er møre, cirka 2 til 3 timer længere.

5. Server med kartoffelsalat og bønner, eller server hele pølser med smørrebrødsruller.

Søde og sure ribben

INGREDIENSER

- 1 1/2 til 2 pund udbenede ribben i landlig stil

- 1 tsk løgpulver

- 1/2 tsk hvidløgskraft

- salt og peber

- 1 kop sød og sur sauce

- 1 stor sød peberfrugt, skåret i 1-tommers stykker

FORBEREDELSE

1. Placer ribben i slow cooker; tilsæt løgpulver, hvidløgspulver, og drys med salt og peber. Dæk og kog på LAV i 6 til 8 timer; dræne. Tilsæt de resterende ingredienser. Dæk til og kog 2 timer længere.
2. Serverer 6 til 8.

Sød og sur svinekød

INGREDIENSER

- 1 dåse (20 ounce) ananasstykker i juice

- 1 1/2 til 2 pund svinekød, skåret i strimler

- 1 mellemgrøn peberfrugt, skåret i strimler

- 1/2 mellemstort løg, skåret i tynde skiver

- 1/4 kop lys brun farin, pakket

- 2 spsk majsstivelse

- 1/4 kop cidereddike

- 1/4 kop vand

- 1 spsk lys sojasovs

- 1/2 tsk salt, eller efter smag

-

varme kogte ris

FORBEREDELSE

1. Dræn ananas, gem saft. Stil ananasstykkerne på køl, indtil de skal bruges.
2. Placer svinekød i slow cooker; tilsæt grøn peberfrugt og hakket løg. I en skål kombineres brun farin, majsstivelse, 3/4 kop ananasjuice (tilsæt vand for at lave 3/4 kop om nødvendigt), eddike, vand, sojasovs og salt; blend indtil glat og hæld over svinekød og grøntsager. Dæk til og kog

på LAV indstilling i 8 timer. Tilsæt ananasstykker ca. 45 minutter før slutningen af tilberedningstiden.
3. Serverer 4 til 6.

Søde og sure svinebøffer

INGREDIENSER

• 1 1/2 til 2 pund svinekam eller svineskulder, trimmet, skåret i 1-tommers terninger

• 1 spsk madolie

• 2 dåser (8 ounce hver) knust ananas i juice

• 1 lille sød grøn peberfrugt, hakket

• 1/2 kop vand

• 1/3 kop brun farin

• 2 spsk ketchup

• 1 spsk hurtigkogende tapioka

• 3 tsk sojasovs

•

1/2 tsk tør sennep

FORBEREDELSE

1. Brun svinetern på begge sider i varm olie i en stegepande. Dræn fedtet og overfør svinekød til en 3 1/2 til 5-quart crockpot. I en skål kombineres ananas, grøn peber, vand, brun farin, ketchup, tapioca, sojasovs og tør sennep. Hæld svinetern

over. Dæk til og kog på LAV i 8 til 10 timer (eller
HØJ 4 til 5 timer). Server med varme kogte ris.
2. Serverer 4-6.

Søde og sure ribben

INGREDIENSER

-

3 til 4 pund ribben i landlig stil

-

1 (20-oz.) dåse udrænede ananas bidder

-

2 (8-oz.) dåser tomatsauce

-

1/2 kop tyndt skåret løg

-

1/2 kop tykt skåret grøn peber

-

1/2 kop pakket brun farin

-

1/4 kop cidereddike

-

1/4 kop tomatpure

-

2 spsk. Worcestershire sauce

-

1 fed hvidløg, hakket

FORBEREDELSE

1. Placer ribbenene i slow cooker. I en skål kombineres ananas, tomatsauce, løg, grøn peber, brun farin, eddike, tomatpasta, Worcestershire sauce og hvidløg. Hæld blandingen over ribbenene i landlig stil; dække og kog lavt 8 til 10 timer, eller indtil ribbenene er gennemstegte og møre.
2. Serverer 6 til 8.

Tangy Bratwurst og kål

INGREDIENSER

●

1 pund bratwurst

●

1 stort løg, hakket

●

1 lille hovedkål, groft hakket

• 4 mellemstore kartofler, røde, runde hvide eller andre voksagtige kartofler i tern eller skiver

• 1 dåse (10 3/4 ounce) kondenseret creme af kyllingesuppe med urter

• 1/2 kop æblegele

• 1 spsk vin eller cidereddike

• 2 teskefulde kommenfrø

• salt og peber efter smag

FORBEREDELSE

1. Læg bratwurst-linkene i en stegepande med 2 teskefulde vegetabilsk olie. Kog over medium varme, vend ofte, indtil pølserne er brune.
2. Læg den hakkede kål i slowcookeren. Hvis al kålen ikke passer i din slow cooker, kan du visne den ved kortvarig kogning eller dampning. Tilsæt løg og kartofler; læg bratwurst ovenpå. Bland de resterende ingredienser og hæld over det hele.
3. Kog ved lav temperatur i 8 til 10 timer.
4. Serverer 4.

Tex-Mex Pulled Pork

INGREDIENSER

•

Sovs:

•

1 kop tyk barbecuesauce

•

1 mellemstor løg, skåret i tynde skiver

• 2 dåser (4,5 oz hver) grøn chili i tern

• 3 spsk chilipulver

• 1 tsk stødt spidskommen

• 1 tsk tørret oregano

• 1/4 tsk stødt kanel

• 1 udbenet svinekødssteg, 2 1/2 til 3 pund, trimmet

•

1/2 kop hakket koriander

FORBEREDELSE

1. Bland sauce ingredienser i en skål. Placer svinekød i crockpot; hæld sauceblandingen over svinekødet, løft svinekødet lidt, så saucen flyder under stegen.

Dæk og kog på LAV i 8 til 10 timer, eller indtil svinekødet er meget mørt.

2. Fjern svinekødet på et skærebræt og hak eller riv det med gafler. Hvis saucen er meget flydende, koges den ned på komfuret, indtil den ønskede tykkelse og smag er nået. Hæld sauce i en serveringsskål eller lad den stå i slowcooker; rør koriander og det strimlede svinekød i.
3. Server med meltortillas eller delte sandwichboller.
4. Serverer 8.

Grøntsagsfyldte svinekoteletter

INGREDIENSER

• 4 koteletter af svinekam, cirka en tomme tykke, overskydende fedt trimmet

• salt og friskkværnet sort peber

• 1 dåse (12 til 16 ounce) hele majskerne, drænet

• 1/2 grøn peberfrugt, hakket

• 1/2 rød eller orange peberfrugt, hakket

• 1 kop urte- og hvidløgkrydrede tørre brødkrummer

• 1/4 kop hakket løg

• 1/2 kop ukogte konverterede ris

• 1 dåse (8 ounce) tomatsauce

• 1 tsk chilipulver

•

1/2 tsk hvidløgspulver

FORBEREDELSE

1. Skær en lomme ind i siden af hver kotelet, start fra kanten nærmest ben. Krydr let inde i lommerne med salt og peber.
2. I en skål kombineres drænet majs, hakket peberfrugt, brødkrummer, hakket løg og ris i en stor skål. Fyld svinekoteletter med noget af

grøntsags- og risblandingen. Fastgør lommerne
med trætandstikker for at forhindre, at fyld siver
ud.

3. Læg eventuelt resterende risblanding i crockpot.
4. Anret svinekoteletter over risblandingen. Drys let
    med salt og peber.
5. I en anden skål kombineres tomatsaucen med
    chilipulveret og hvidløgspulveret.
6. Fordel noget af tomatsaucen over toppen af hver
    kotelet, og hæld derefter den resterende
    tomatsauce over det hele. Dæk gryden til og kog på
    LAV i 6 til 8 timer, eller indtil koteletterne er
    færdige.
7. Fjern svinekoteletterne til serveringsfadet og
    server med dit valg af grøntsager og den
    resterende grøntsags- og risblanding.

Vinglaseret skinke

INGREDIENSER

- 1/4 kop hakket løg

- 1 spsk smør

- 1/2 kop ketchup

- 1/3 kop vand

- 2 spsk brun farin

- 2 spsk eddike

- 1 spsk Worcestershire sauce

- 1/2 tsk salt

- 1/4 tsk peber

- 1 fuldt kogt skinkeskive, cirka 1 tomme tyk

FORBEREDELSE

1. I en gryde ved lav varme smeltes smør; tilsæt løg. Sauter løg indtil de er møre; tilsæt ketchup, vand, brun farin, eddike, Worcestershire sauce, salt og peber. Placer skinke i bageform; hæld sauce over.
2. Bages ved 350° i 30 minutter.

Æblecider oksekødgryderet

INGREDIENSER

- 1 1/2 til 2 pund magert oksekød

- 8 gulerødder, skåret i tynde skiver

- 6 mellemstore kartofler, skåret i tynde skiver

- 2 æbler, hakkede

- 2 tsk salt

- 1/2 tsk timian

- 1/2 kop hakket løg

- 2 kopper æblecider

FORBEREDELSE

1. Læg gulerødder, kartofler og æbler i Crock Pot. Tilsæt kød og drys med salt, timian og hakket løg. Hæld cider over kødet. Dæk til og kog ved LAV varme i 8 til 10 timer. Fortyk saften med en mel- og koldtvandsblanding (ca. 1 1/2 til 2 spsk mel og 2 spsk vand), kog på HØJ i langsom komfur, indtil den er tyknet (eller overfør til en stor gryde ved middel varme og kog saften ned og tyk derefter.

Efterårs grøntsagsbøfgryderet

INGREDIENSER

- 1 til 1 1/2 pund magert stewing oksekød, skåret i 1-tommers terninger

- 1 skive bacon i tern

- 1 kop hakkede løg

- 2 kopper oksebouillon

- 1 kop æblecider

- 1 1/2 pund kartofler (ca. 5 eller 6 mellemstore kartofler), skåret i tern

- 2 mellemstore gulerødder, skrællede, skåret i tynde skiver

- 2 ribben selleri, skåret i tynde skiver

- 1 1/2 kopper rutabaga i tern

- 1 laurbærblad

- 1/2 tsk tørret rosmarin, smuldret

- 1/8 tsk sort peber

- 2 spsk mel

- 2 spsk koldt vand

- 1 spsk frisk hakket persille eller 1 tsk tørrede persilleflager

FORBEREDELSE

1. Kog bacon, oksekød og løg i en stor stegepande ved
   middel varme, indtil oksekødet er brunet, og bacon
   er kogt. Kom oksekødet og løgene i slowcookeren
   med bacon, oksebouillon, æblecider, kartofler,
   gulerødder, selleri, rutabaga, laurbærblad,
   rosmarin og peber. Dæk til og kog i 7 til 9 timer.
   Bland mel med koldt vand til en jævn blanding. Rør
   i oksekødsblandingen, drej til HIGH, og fortsæt
   med at stege i 15 minutter længere.
2. Serverer 4 til 6.

Grundlæggende oksegryderet

INGREDIENSER

-

3 gulerødder, skåret i skiver

-

3 kartofler, skåret i 1-tommers stykker

- 2 pund oksekød i 1-tommers tern

- 1 kop oksefond

- 1 tsk Worcestershire sauce

- 1 fed hvidløg, hakket

- 1 laurbærblad

- salt efter smag

- 1/2 tsk peber

- 1 tsk paprika

- 3 løg i kvarte

-

1 selleri ribben, skåret i stykker

FORBEREDELSE

1. Kom alle ingredienser i slowcooker i den angivne rækkefølge. Rør lige nok til at blande krydderier hele vejen igennem.

2. Dæk til og kog på LAV i 8 til 10 timer. (Høj 4 til 5 timer)
3. Giver 6 portioner.

Baskisk kyllingegryderet

INGREDIENSER

-

1 spsk olivenolie

-

6 skiver bacon i tern

-

8 ounce champignon, skåret i skiver

- 1 rød peberfrugt, skåret i 1-tommers firkanter (eller brug ristede røde peberfrugter fra krukke)

- 1 grøn peberfrugt, skåret i 1-tommers firkanter

- 1 bundt grønne løg skåret i 1/2-tommer, omkring halvdelen af det grønne inkluderet

- 4 kyllingebrysthalvdele, udbenet, skåret i 1/2- til 1-tommers stykker

- 1 dåse (4 oz) modne oliven i skiver

- 2 spsk balsamicoeddike

- 3 spsk tomatpure

- 1 (14,5 oz) dåse tomater

- 1/4 kop hønsebouillon

- 1/2 tsk tørret malet merian

- 1/2 tsk salt

- 1/4 tsk peber eller blanding af sort og rød peber

FORBEREDELSE

1. Varm olivenolie i en stor stegepande; sauter bacon indtil brunet. Tilsæt champignon, peberfrugt og grønne løg og svits i 2 minutter. Tilsæt eddike og kog 1 minut længere, og skrab de brunede stykker op fra bunden af gryden. Sæt til side.
2. Placer kylling i en 3 1/2-quart eller større slow cooker. Tilsæt sauteret bacon og grøntsagsblanding til gryden og derefter oliven. Kom de resterende ingredienser i en skål og bland.
3. Hæld kylling og grøntsager over i slowcookeren. Dæk til og kog på lavt niveau i 8 til 10 timer.
4. Serverer 4.

Okse- og ølgryderet

INGREDIENSER

- 2 1/2 pund magert oksekød, skåret i 1-tommers terninger

- 1 stort løg, hakket

- 2 fed hvidløg, hakket

- 3 gulerødder, skåret i 1-tommers skiver

- 2 ribben selleri, skåret i 1/2-tommer skiver

- 2 mellemstore kartofler, skåret i 1-tommers terninger

- 1 kop øl

- 1 kop oksebouillon, eller brug al øl

- 1 1/2 tsk salt

- 1/2 tsk peber

- 1 tsk oregano

- 2 spsk tomatpure

- 3 spsk smeltet smør

-

1/3 kop universalmel

FORBEREDELSE

1. Kombiner gryderet oksekød, løg, hvidløg, gulerødder, selleri, kartofler, øl, oksebouillon, salt,

peber, oregano og tomatpuré i slow cooker-serviceindsatsen.

2. Dæk til og kog på lavt niveau i 8 til 10 timer.
3. Bland smeltet smør med mel; tilføje til gryderet. Smag til og juster krydderier.
4. Drej slow cookeren til høj og kog indtil den er tyknet, cirka 15 til 20 minutter.
5.

Serverer 6.

Oksekød & sorte bønnegryderet

INGREDIENSER

- 2 pund magert oksekød, mindst 85 %

- 2 store fed hvidløg, hakket

- 1 kop hakket løg

- 1 stor (28 oz.) dåse tomater, hakket

- 1 kop chunky salsa

- 1 tsk stødt spidskommen

- salt og peber efter smag

- 1 dåse Mexicorn, ca. 11 oz, drænet

- 1 (15-oz.) dåse sorte bønner, skyllet og drænet

- 1 bundt grønne løg, med 3 tommer toppe, skåret i tynde skiver

- 1 spsk hakket frisk koriander eller fladbladet persille, valgfrit

- revet ost, guacamole eller creme fraiche til pynt

FORBEREDELSE

1. I en stor stegepande, brun hakkebøf med hvidløg og løg; dræn og overfør til slow cookeren. Tilsæt tomater, picante sauce, spidskommen, salt og peber, majs og sorte bønner.
2. Dæk til og kog på lav i 6 til 8 timer eller på høj i 3 til 4 timer. Tilsæt grønne løg og koriander, hvis det

bruges, i løbet af de sidste 30 minutter af
tilberedningen.

3. Top med revet ost, guacamole eller creme fraiche,
   og server med tortillachips eller majsbrød.

4. Gør 6 til 8 portioner.

Oksekød og kyllingegryderet

INGREDIENSER

-

3 spsk bøfsauce

-

2 kyllingebouillonterninger

-

1 tsk. salt

-

1/2 tsk. peber

-

1 tsk. sukker

-

1/2 c. varmt vand

-

2 pund kyllingelår

- 1 lb. magert oksekød, skåret i 1/2-tommers terninger

- 1/2 kop hakket løg

- 2 med. kartofler, skrællet og skåret i tern

- 2 med. gulerødder, skrællet og skåret i tynde skiver

- 1 (ca. 15 ounce) dåse stuvede tomater

- 1/4 kop mel

FORBEREDELSE

1. Kom steaksauce, bouillonterninger, salt, peber, sukker og varmt vand i slowcooker; rør for at blande ingredienserne. Tilsæt de resterende ingredienser undtagen mel; rør forsigtigt. Dæk til og kog på LAV i 7 til 9 timer; eller på HIGH i 4 timer.
2. Omkring 5 timer inde i tilberedning (2 1/2 time, hvis tilberedning på høj), fjern kylling. Fjern kyllingekød fra knogler, hak, og vend tilbage til crock pot; rør godt rundt og kog færdigt.
3. For at gøre sovsen tykkere, lav en glat pasta af melet og 1/4 kop koldt vand. Rør til gryderet i slowcookeren. Dæk til og kog på HIGH indtil den er tykkere.
4. Gør 6 til 8 portioner.

Oksekød og grøn Chile gryderet

INGREDIENSER

* 1 1/2 pund rund bøf, skåret i 1-tommers terninger eller magert gryderet oksekød

* 1 spsk mel

* 1 løg, hakket

* 2 fed hvidløg, hakket

* 2 spsk spæk eller smør

* 4 eller flere grønne chilipeberfrugter, frøet, hakket (en blanding, mild, varm, efter eget valg)

* 1/2 tsk tørret oregano

* 1/2 tsk stødt spidskommen

* 1 kop knust tomatillo

* 1/2 kop vand eller bouillon

* hakket frisk koriander eller persille, til pynt

FORBEREDELSE

1. Drys oksekød med mel. Brun oksekødet med løg og hvidløg i spæk eller smør. Kombiner blandingen i langsom komfur med chilipeber, oregano, spidskommen og tomatillos og 1/2 kop vand. Dæk og kog på lav 6 til 8 timer.

2. Pynt med koriander eller persille, hvis det ønskes,
    og server med varme meltortillas.

Oksekød og Pinto bønnegryderet

INGREDIENSER

- 1 1/2 pund gryderet oksekød, magert, skåret i små stykker

- 2 spsk ekstra jomfru olivenolie

- 3 spsk universalmel

- 1 1/2 dl hakket løg

- 3 ribben selleri, skåret i skiver

- 1 kop gulerødder, julienne eller i tynde skiver

- 1 sød grøn peberfrugt, hakket

- 1 sød rød peberfrugt, hakket

- 1 tsk salt

- 1 tsk Cajun-krydderi

- 1/4 tsk sort peber

- 2 dåser (15 oz hver) pinto bønner, drænet, skyllet

- 1 dåse (10 1/2 oz) kondenseret oksebouillon, ufortyndet eller hjemmelavet rig oksebouillon

- 2 dåser (14,5 ounce hver) tomater i tern, ikke drænet

- 1 kop dåse (drænet) eller optøet frosne majskerner, valgfrit

FORBEREDELSE

1. Vend oksekødet med mel. I en stor stegepande opvarmes olien over medium-høj varme. Tilsæt

oksekød og løg; sauter under jævnlig omrøring, indtil de er godt brune.

2. Kombiner selleri, gulerødder, grøn og rød peberfrugt, krydderier, bønner, bouillon, tomater og det brunede oksekød og løg i en 4 til 6-quart langsom komfur.
3. Dæk til og kog på HØJ i 4 til 5 timer eller på LAV i 8 til 10 timer.
4. Tilsæt majskerner ca. 1 time før servering, hvis det ønskes.
5. Server med varmt bagt majsbrød eller muffins.
6. Serverer 6.

Oksekød og kartoffelgryderet

INGREDIENSER

- 2 til 2 1/2 pund meget magert oksekød

- 2 spsk bacondryp, olie eller fedtstof

- 2 kopper hakkede løg

- 1/2 kop selleri i skiver

- 5 store kartofler, skåret i ottendedele

- 4 eller 5 store gulerødder, skåret i 2-tommers skiver

- salt og peber efter smag

- hvidløgspulver (valgfrit)

- 1 dåse (ca. 10 1/2 ounce) kondenseret tomatsuppe

FORBEREDELSE

Crockpot:

1. Brun gryderet oksekød i bacondryp eller andet fedtstof. Tilsæt hakkede løg og selleri i skiver og kog indtil de er møre.
2. Overfør kød- og løgblandingen, resterende grøntsager og krydderier, suppe og en suppedåse med vand til krukken.
3. Kog ved LAV 8 til 10 timer - HØJ 5 til 6 timer.

4. Tjek af og til og tilsæt evt lidt vand.
5. Server med et sprødt brød.

Komfur:

1. Brun gryderet kød i bacondryp eller afkortning. Tilsæt hakkede løg og selleri i skiver og kog indtil de er møre.
2. Tilsæt grøntsager og krydderier.
3. Tilsæt suppe og en suppedåse vand.
4. Lad det simre ved laveste varme i cirka 2 1/2 til 3 timer, eller indtil kød og grøntsager er møre.
5. Tilføj mere vand efter behov.
6.

Serverer 9

Oksekød karrygryderet

INGREDIENSER

• 2 spsk olivenolie eller vegetabilsk olie

• 1 1/2 pund magert gryderet oksekød eller andet magert oksekød, skåret i tern

• 1/4 kop mel

• 1 tsk salt

• 1 tsk kreolsk eller cajunkrydderi

• 1/2 tsk hvidløgspulver

• 2 mellemstore løg, skåret i skiver

• 1 dåse (14,5 ounce) tomater i tern, drænet

• 3/4 kop oksebouillon

• 4 teskefulde karrypulver, eller efter smag

• 1 krukke (ca. 12 ounce) små hvide løg, drænede eller frosne perleløg

FORBEREDELSE

1. Varm vegetabilsk olie op i en stor stegepande. Kombiner mel, salt, kreolsk krydderi og hvidløgspulver i en madopbevaringspose eller lavvandet skål; smid oksekød med blandingen og brun derefter i den varme olie sammen med de snittede løg. Kog under omrøring i cirka 4 til 6

minutter, eller indtil oksekødet er brunet og løgene
er møre. Overfør blandingen til en 4 til 6-quart
langsom komfur. Hæld oksebouillon i stegepanden
og skrab eventuelle brunede stykker op; hæld over
oksekød og løg i slowcookeren.
2. Tilsæt tomater og rør karry og små hvide løg i. Dæk
til og kog ved LAV varme i 8 til 10 timer.
3. Serverer 4.

Oksekødgryderet med karrysmag

INGREDIENSER

- 1 kop små hele løg, frosne optøede eller friskpillede

- 1 kop skåret gulerødder

- 5 til 7 mellemstore røde kartofler, ca. 1 pund, i kvarte

- 2 pund gryderet oksekød, skåret i 1 1/2-tommers stykker

- 1 dåse (14,5 ounce) tomater i tern med juice

- 1/2 kop æblejuice

- 1 spsk karrypulver•

-

1/2 tsk salt

-

1/4 tsk peber

FORBEREDELSE

1. I 4 til 5-quart crockpot, lag løg, gulerødder og kartofler. Arranger gryderet oksekød på grøntsager. I medium skål, kombinere alle resterende ingredienser; bland godt og hæld derefter over oksekød.
2. Dæk til og kog på LAV i 8 til 10 timer.
3. Serverer 6.

Oksegryderet med svampe og rødvin

INGREDIENSER

- 1 1/2 pund gryderet oksekød

- 1 dåse fransk løgsuppe

- 1/2 kop rødvin, som en solid bordeaux

- salt efter smag

- peber efter smag

- 4 til 5 kartofler i tern

- 1 gulerod, skåret i skiver

- 12 til 16 ounce friske svampe

- 1 laurbærblad

- en lille kvist frisk rosmarin eller en knivspids tørret, smuldret

- 1 dåse tomater i tern

- 3 spsk mel blandet med lige nok koldt vand til at lave en jævn pasta

FORBEREDELSE

1. Kombiner de første 10 ingredienser - gryderet oksekød, løgsuppe, rødvin, salt og peber, kartofler, gulerødder, svampe, laurbærblad og rosmarin. Dæk og kog på lavt niveau i 8 til 10 timer; tilsæt tomater cirka 45 minutter til en time før færdig.

Tjek med mel og vandblanding ca. 20 minutter før servering, smag til og tilsæt mere salt og peber, hvis det er nødvendigt. Oksegryderet serverer 6.

Oksekødgryderet med løgsuppeblanding

INGREDIENSER

• 1 1/2 pund gryderet oksekød, magert, skåret i 1-tommers terninger

• 1 pakke Lipton oksekødsløgsuppeblanding

• 1 1/2 tsk oksebouillongranulat eller base

• 4 mellemstore kartofler i tern

• 3 gulerødder, skåret i skiver

• 1 stilk selleri (skåret i skiver)

• 1 dåse hele tomater, med juice

• 1 fed knust hvidløg

• salt og peber efter smag

• 2 spsk majsstivelse blandet med ca. 1/4 kop koldt vand

FORBEREDELSE

1. Kom alle ingredienser i en langsom komfur ved lav varme i 8 til 10 timer. Smag til og juster krydderier. Tilsæt 2 spsk majsstivelse blandet med vand. Skru varmen til høj og rør indtil den er tyknet.

www.ingramcontent.com/pod-product-compliance
Lightning Source LLC
Chambersburg PA
CBHW051058050726
47592CB00002B/577